AS 7 LEIS DA CONEXÃO

As 7 leis da conexão

2ª edição: Junho 2025

Autor:
Marcus Buaiz

Edição de conteúdo:
Magno Paganelli

Revisão:
Debora Capella | Rebeca Michelotti

Projeto gráfico:
Luisa Tavares

Capa:
Rafael Brum

Foto de capa:
Sucre / Sucre Estúdios (foto)
Jessica Arnhold (styling)

Impressão:
Plena Print

DADOS INTERNACIONAIS DE CATALOGAÇÃO NA PUBLICAÇÃO (CIP)

Buaiz, Marcus.
As 7 leis da conexão : como conectar pessoas e impulsionar negócios de sucesso / Marcus Buaiz. – Porto Alegre : Citadel, 2025.
192 p.

ISBN: 978-65-5047-602-1

1. Desenvolvimento profissional 2. Negócios I. Título

25-1046 CDD 926.58

Angélica Ilacqua - Bibliotecária - CRB-8/7057

Produção editorial e distribuição:

CITADEL Grupo Editorial
contato@citadel.com.br
www.citadel.com.br

MARCUS BUAIZ

AS 7 LEIS DA CONEXÃO

COMO **CONECTAR** PESSOAS E **IMPULSIONAR** NEGÓCIOS DE **SUCESSO**

CITADEL
Grupo Editorial
2025

SUMÁRIO

PREFÁCIO

VOCÊ ABRE O LINKEDIN e recebe uma notificação: "Você tem 3 novas conexões". Mas, ao olhar os perfis, percebe que são colegas de trabalho com quem nunca trocou uma palavra. Talvez tenha esbarrado com eles nos corredores, mas nunca se apresentou. Você nem sequer sabia seus nomes antes de o LinkedIn te contar.

Será que isso realmente significa estar conectado?

Somadas, minhas redes sociais ultrapassam 20 milhões de seguidores. Mas de que adiantaria milhões de contatos se, quando eu precisar abrir uma porta, ninguém me atender? O que separa aqueles que são esquecidos daqueles que constroem um legado não é a quantidade de contatos na agenda, mas a profundidade das relações que cultivam. E é exatamente sobre isso que quero falar com você agora.

Se tem uma coisa que aprendi ao longo da minha jornada é que conexões não são transações. Elas são investimentos. Você já recebeu aquela ligação de telemarketing no meio do dia te oferecendo algo que não pediu? Algumas pessoas se comportam exatamente assim nos negócios e na vida. Falam apenas sobre si mesmas, distribuem cartões de visita como se fossem panfletos, pedem favores antes mesmo de contribuírem com algo. O que não percebem é que as conexões mais poderosas não vêm do que você fala, mas do que você faz pelos outros.

Eu recebo milhares de mensagens todos os dias. Muitas delas dizem: "Thiago, eu tenho uma proposta de negócio irrecusável para você". E sabe o que é curioso? Muitas dessas propostas devem ser realmente boas. Mas a forma como a maioria tenta a abordagem é tão errada que faz com que essas oportunidades passem despercebidas.

Mas entre tantas abordagens equivocadas, uma me chamou atenção...

Em 2019, eu costumava fazer longas sequências de lives no Instagram, reunindo centenas de milhares de pessoas para falar sobre finanças e investimentos. Até que um dia uma seguidora começou a fazer resumos ilustrados do conteúdo dessas lives. Ela não pediu nada em troca. Apenas entregava valor. E continuou fazendo isso por meses.

Eu achei a ideia genial e, em determinado momento, me senti na obrigação de pagá-la pelas ilustrações. Depois, contratei-a. Hoje, ela é a principal ilustradora do Grupo Primo e trabalhamos juntos há cinco anos.

Tudo começou com um gesto simples. Uma pequena – mas poderosa – semente que foi plantada lá atrás e que gera frutos até hoje.

Se tem algo que aprendi na minha trajetória é que as melhores conexões não são aquelas que buscam ganhos imediatos, mas as que cultivam confiança a longo prazo. E para isso existe um princípio fundamental: a generosidade estratégica.

Ser generoso não significa dar tudo de graça ou se tornar um doador sem limites. Significa entender que, ao ajudar alguém de forma genuína, você está plantando sementes para um futuro de oportunidades. E isso não vale apenas para negócios – é assim que funcionam todos os relacionamentos de verdade.

Agora, pense nos grandes líderes e empreendedores que você admira. Nenhum deles chegou ao topo sozinho. Todos tiveram mentores, parceiros e pessoas que abriram portas no momento certo. Mas para que isso acontecesse, primeiro eles precisaram criar valor para essas pessoas. O princípio é simples: primeiro você dá, depois recebe. E quem tenta inverter essa ordem acaba sendo visto como um "aproveitador".

Certo! A essa altura, você já deve ter entendido a importância das conexões. Mas como eu trabalho com dinheiro, vou te fazer uma pergunta direta: qual o valor de uma única conexão certa?

Para mim, uma em específico valeu 1 BILHÃO de reais.

Essa história, no entanto, vai ter que ficar para outro dia. Só ela daria um livro inteiro. Mas a lição que quero compartilhar é que as conexões certas não apenas facilitam seu caminho — elas são os maiores multiplicadores de riqueza que existem.

Pense em Steve Jobs e Steve Wozniak, os dois Steves que fundaram a Apple.

Wozniak era um gênio da computação, mas, sozinho, provavelmente teria continuado como um engenheiro brilhante, porém desconhecido. Jobs, por outro lado, sabia vender ideias e construir um negócio ao redor disso.

Se cada um tivesse seguido sozinho, talvez nunca tivéssemos a Apple. Mas uma conexão certa mudou tudo.

Eles não se encontraram por acaso. Foram apresentados por um amigo em comum. E essa é a lição: se você faz um ótimo trabalho, as pessoas certas falam sobre você antes mesmo de você chegar.

Para você entender na prática, imagine dois cenários:

- No primeiro, um desconhecido se apresenta e diz: "Prazer, sou um ótimo engenheiro. Devemos trabalhar juntos".
- No segundo, um amigo – que você já conhece e em quem confia – diz: "Tenho um amigo que é um ótimo engenheiro. Penso que vocês poderiam trabalhar juntos".

A primeira abordagem parece soar como alguém arrogante. Já a segunda, como uma recomendação genuína. Mas por que isso acontece?

Simples... quanto maior a distância entre quem elogia e quem é elogiado, maior o impacto do elogio.

Se sua mãe diz que você é incrível, pode até ser verdade, mas não muda sua reputação. Agora, se alguém distante te elogia por algo que você fez, significa que seu trabalho realmente fez a diferença.

Por isso, quando alguém de confiança te apresenta, suas chances de sucesso aumentam exponencialmente.

E quando encontrar as conexões certas, lembre-se que o segredo está em construir relacionamentos de longo prazo, em que ambos os lados crescem juntos. Não é sobre pedir favores, mas sobre se tornar tão valioso para as pessoas ao seu redor que, naturalmente, elas queiram te ajudar quando surgir uma oportunidade.

Então, pare de procurar atalhos e comece a construir pontes. Concentre-se menos em acumular contatos e mais em fortalecer relações genuínas.

Porque conexões não são apenas laços — são sementes. Se você plantá-las com sabedoria, certamente colherá resultados que jamais imaginou.

THIAGO NIGRO

Grupo Primo

INTRODUÇÃO

UM AUTOR E ESTRATEGISTA norte-americano da área de liderança chamado Bill Hybels, criador do Global Leadership Summit, escreveu que, em uma organização, há basicamente dois tipos de pessoas envolvidas com o negócio principal. Esses dois tipos de pessoas estão igualmente empenhadas em fazer as coisas acontecerem: aquelas que têm vocação ou habilidades para lidar com projetos e que geralmente se ocupam com a administração da coisa em si, com a gestão dos processos, comunicação, engajamento de apoiadores e parceiros, além da parte mais burocrática do empreendimento; e aquelas cujas habilidades estão mais afinadas com as relações pessoais, com o trato humano, com os indivíduos – ainda que esse empreendimento possa se voltar para públicos em massa.

Definitivamente, eu sou do segundo grupo: lido com pessoas e as relações que possam existir entre elas ou entre mim e elas.

Lido com pessoas e
as relações que possam
existir entre elas ou
entre mim e elas.

Desde o final da minha adolescência, eu tenho estado envolvido em empreendimentos diferentes, em segmentos distintos, e feito grandes negócios o tempo todo ao longo de mais de duas décadas.

Ainda no início da minha carreira, eu assumi um negócio estagnado e o levei a um patamar de maior destaque, como a rádio Transamérica no Espírito Santo, uma afiliada de São Paulo; montei e realizei um projeto que trouxe o automobilismo para o Brasil, para o mesmo estado; estive no ramo de entretenimento, com casas noturnas e festivais de música; e muito mais. Posteriormente, migrei meus interesses para outras áreas e vejo isso como uma evolução natural das coisas. Nós evoluímos como pessoas e, consequentemente, isso se reflete em nossas ações.

Quando me senti desafiado a mudar da minha cidade natal, onde eu poderia desfrutar do que chamam de rede de apoio dos familiares e amigos, parti para uma grande cidade: São Paulo. Quando digo que deixei minha "rede de apoio", é por modéstia. Minha família tem negócios em diferentes setores da economia e serviços no estado do Espírito Santo.

Em São Paulo, as pessoas são desafiadas quase que selvagemente a lutarem por um espaço; mas foi lá que comecei do zero meus investimentos em casas noturnas, sem ter *expertise* no ramo e as tendo transformado em *benchmarks* para o setor.

O Grupo Buaiz, que reúne os negócios de minha família, é composto de empresas no segmento da comunicação, duas rádios FM afiliadas da Jovem Pan, o jornal on-line *Folha Vitória* e uma retransmissora de TV, a Rede Vitória, afiliada da Rede Record. Na área imobiliária temos o Shopping Vitória e uma área de prédios em que temos empreendido. Mas o nosso pioneirismo se deu na área de alimentação, com moagem de trigo, que tempos depois foi diversificada para misturas para bolo e torrefação de café. Mais recentemente iniciamos no ramo da educação, com a Escola Americana e com a nossa associação à APEX Partners, ligada ao Banco BTG.

Ao avançar nesses negócios, conheci pessoas de renome mundial, com as quais foi possível criar sociedades e parcerias que renderam milhões de reais para os envolvidos e levaram entretenimento, diversão e cultura para tantas outras pessoas.

Fiz e mantenho sociedades em negócios bem diferentes, como a revista internacional *Billboard*; o Ventre Studio, no segmento de *streaming*; a Redoma, empresa no mercado financeiro para gestão de negócios de celebridades; e fui sócio e CEO da 9ine Sports & Entertainment (WPP Company), empresa que criei com o Ronaldo Nazário, o "Fenômeno", camisa 9 mais famoso da história do futebol. A 9ine Sports & Entertainment foi a primeira agência de comunicação focada estrategicamente no esporte como entretenimento e cuidou da carreira de atletas como Anderson Silva e Neymar. Na 9ine Sports & Entertainment, eu me reportava para um sócio-investidor, o Grupo WPP, maior grupo de mídia do mundo. Além disso, sou embaixador do Banco BTG Pactual e conselheiro no Grupo Buaiz.

Há mais a dizer sobre meus negócios e participações. Isso é apenas uma amostra das diferentes atividades que moveram meus esforços e amor por algo central, aquilo que unifica todas essas atividades: a felicidade, o bem-estar e a evolução do ser humano, que é, na verdade, a causa e a razão de todo projeto ou empreendimento para o qual sou levado a me envolver.

Conectar pessoas, criar oportunidades, abrir novas frentes, melhorar a condição humana são apenas algumas das consequências da minha vocação pessoal, tal como eu a entendo. O modo como eu vejo o *business* em si tem o ser humano como elemento fundamental. Por conta disso, penso que os projetos

Conectar pessoas, criar oportunidades, abrir novas frentes, melhorar a condição humana são apenas algumas das consequências da minha vocação pessoal, tal como eu a entendo.

corporativos deveriam sempre ser criados a partir das pessoas, e não para atrair pessoas. Para mim, o bom empreendedor é aquele que sabe compartilhar coisas boas com o ser humano, nem que seja um sorriso, já que nem sempre será um caviar.

Você já parou para pensar a partir dessa perspectiva? Já imaginou que aqui pode estar o sentido da sua própria vocação como profissional ou empreendedor? Caso não, eu desafio você a dedicar-se a ver as coisas por esse ângulo.

Eu entendo que tenho sido bem-sucedido em aproveitar oportunidades. Nunca procurei uma pessoa, um possível investidor ou sócio, estrategicamente, propondo fazermos um *brainstorming* que nos levasse a identificar um nicho lucrativo. Eu costumo ver a oportunidade por trás da oportunidade, e o que vejo além disso nem sempre é a possibilidade de obter maiores retiradas, mas de identificar quais novas conexões poderão ser feitas.

E o que há nessas pessoas que me move a trabalhar por elas?

Essa pergunta exige uma breve reflexão, já que a resposta requer mais aprofundamento, afinal está diretamente ligada ao tema central deste livro.

Primeiramente, eu considero como uma palavra definidora para meu modo de trabalhar, quase como uma filosofia de vida, o relacionamento interpessoal, aquilo que estou chamando neste livro de *conexão.** Trata-se de uma palavra que vemos com mais frequência sendo utilizada em outros contextos, já que indica a ligação de uma coisa à outra, aproxima e une dois pontos antes separados. No ramo eletrônico, conectamos um equipamento a outro por meio de um cabo ou uma tomada, ou ligamos um aparelho eletrônico à sua fonte de energia, também por meio de um cabo ou uma tomada.

Mas, com o tempo, nós adotamos e passamos a utilizar a palavra para nos referirmos ao modo como nos ligamos ou nos unimos às pessoas, ou a como promovemos a aproximação de pessoas que podem ter interesses em comum, mas não se conhecem ou não mantinham contato pessoal ou profissional. E é esse tipo de conexão que me move.

Conexões humanas definem a nossa história como seres humanos, mudando o rumo das coisas, os destinos das próprias pessoas envolvidas no processo e o de milhares ou milhões de outras pessoas. Novos negócios, criatividade e

* A palavra conexão tem origem no latim, ***connectare***, que significa "atar junto", "atar um ao outro". A palavra é formada por ***con***, isto é, "junto", acrescida de ***nectere***, "ligar, atar".

Conexões humanas
definem a nossa história
como seres humanos,
mudando o rumo das
coisas, os destinos
das próprias pessoas
envolvidas no processo e
o de milhares ou milhões
de outras pessoas.

inovação têm esse poder, e certamente é preciso que pessoas com diferentes habilidades e potenciais se conectem para que isso aconteça.

Quando olhamos para a história humana, percebemos como as revoluções marcaram a quebra de paradigmas e a entrada da sociedade numa nova era. Veja, por exemplo, a Revolução Industrial, a Revolução Científica, a Revolução Digital e a chamada Quarta Revolução Industrial, com o avanço da inteligência artificial, os algoritmos fazendo o trabalho de diversos profissionais, dando diagnósticos médicos e tantas outras coisas possíveis e que beneficiam tanta gente. Isso é simplesmente fantástico!

O que causou essas revoluções e todos esses avanços? O próprio ser humano, quando procurou satisfazer suas necessidades, primárias ou não, e se juntou a outros, conectando habilidades que os levaram e que têm levado a nossa civilização a outros patamares em diferentes áreas.

A necessidade de pessoas que procuravam mais bem-estar e mais facilidade para suas rotinas tão aceleradas foi o que moveu especialistas, técnicos, empreendedores, investidores e visionários a parar, pensar, refletir e criar as mais diversas coisas. E então, feita a conexão, entregaram alguma solução que satisfizesse as necessidades, curasse uma dor ou, simplesmente, propiciasse um momento de descontração, de relaxamento da jornada semanal pesada.

São pessoas reais, de carne e osso, que estão e devem permanecer no centro dos nossos esforços mais elevados e nobres. São as pessoas que movem o mundo e fazem a história que todos nós vivemos. Sim, pessoas bem conectadas fazem história e podem mudá-la a qualquer momento!

Sendo coerente com a minha crença no potencial produtivo e criativo das pessoas, ao entrar em um empreendimento, ao aceitar investir tempo, esforços e dinheiro em um negócio, eu sempre olhei muito menos para o *business plan* do que para a oportunidade e para os relacionamentos que poderiam ser criados. São as conexões que me encantam.

Faço isso confiando cem por cento no meu *feeling* e, porque gosto muito mais de me doar às pessoas, estou muito mais voltado a satisfazer suas necessidades do que a colocar em primeiríssimo lugar as próprias expectativas.

Eu acredito na minha intuição e penso que ela se manifesta quando sinto certa empolgação ao entrar numa parceria ou sociedade ou ao fazer um bom negócio. A intuição grita dentro de mim, ainda que por fora eu deva me manter focado e atento, suportando a frieza necessária para não cometer excessos. Há aí uma conexão também, entre a emoção que se conecta com a razão e, a partir da razão, eu me sinto atraído para algo positivo, que é o empreendimento que estou prestes a realizar.

Mesmo entendendo que tenho maior identificação com pessoas, não me recordo de ter pedido algo a alguém. Não porque eu seja orgulhoso, de modo algum; mas porque sempre fez muito mais sentido doar, entregar, do que pedir e receber. Aliás, em tempos de grande interesse pela filosofia estoica como estamos vivendo, vem da Grécia Antiga uma filosofia sobre o *segredo da felicidade*, ensinada por Diógenes.

Diógenes, o cínico, dizia que para ser feliz, uma pessoa não poderia desejar nada que o mundo não pudesse dar a ela, nem ter nada que o mundo pudesse tomar dela; porque se essa pessoa não alcançasse o que o mundo não poderia lhe dar ou se perdesse para o mundo algo que fosse dela, então estaria configurada a impossibilidade de ser uma pessoa feliz.

Quando cheguei a São Paulo, vindo de mudança do Espírito Sando, abri casas noturnas que foram muito bem frequentadas. Havia clientes de um desses meus empreendimentos que vinham do Rio de Janeiro em jatinho particular, curtiam a noite

Eu acredito na minha intuição e penso que ela se manifesta quando sinto certa empolgação ao entrar numa parceria ou sociedade ou ao fazer um bom negócio.

toda em minha casa noturna e de madrugada voltavam para seu Estado. Naqueles lugares eu vi pessoas ricas pagando a conta de todos os que estavam à mesa, apenas para serem bem-vistas e notadas numa roda social, para terem aceitação em seu grupo.

Em minha trajetória, eu fui questionado sobre qual me define como conector de pessoas. Considero que é preciso ter humildade para se tornar um agente de conexão de pessoas. Vivemos num tempo em que as grandes mentes, aquelas que fazem a história acontecer e movem o motor das empresas mais significativas, não aceitam mais a arrogância, a prepotência e o orgulho. Ninguém gosta de estar com pessoas assim, nem mesmo de fazer negócios com elas.

Isso nos diz que precisamos criar relacionamentos pessoais que tenham durabilidade e longevidade, além da máxima transparência. Queremos fazer bons negócios e negócios que sejam perenes, que avancem e que amadureçam com o tempo e frutifiquem sempre. São esses negócios que nos farão ser lembrados pelas próximas gerações e que poderão escrever o nosso nome na história, caso você tenha interesse nisso. A história mostra que essas pessoas são lembradas, pois, quando estudamos a biografia de homens e mulheres que até hoje são admirados pelo que fizeram, nós estudamos os seus modos de vida.

Bem, dito isso, convido você a também se conectar a mim pelo tempo que investirá na leitura deste livro. Ele foi gestado por um longo tempo, pensado com muita atenção e cuidado e preparado por um time de especialistas para que pudesse atender a uma lacuna no segmento editorial. Digo isso porque a minha trajetória profissional e como empreendedor é inversa à da maioria dos autores que hoje têm sido publicados no Brasil e no mundo.

Boa parte desses autores contam como tiveram sucesso partindo de baixo, começando do zero ou se reerguendo depois de uma crise ou falência. O meu percurso não foi nenhum desses. Eu venho de uma família tradicional e com sólida presença na economia do meu Estado, o Espírito Santo. Mas fiz a opção de tentar criar o meu espaço sem beneficiar-me 100% das regalias das quais dispunha ou poderia dispor caso aceitasse que meu pai dirigisse a minha carreira. Como ficará claro ainda nas primeiras páginas, eu fui à luta para identificar a minha vocação e apostei naquilo que minha sensibilidade me dizia para fazer. Com o tempo eu refinei minhas escolhas, sempre permitindo que razão e emoção dessem suas contribuições.

Creio que cada um tem o seu lugar no mercado de trabalho ou no segmento em que atua, mas o meu diferencial é que eu não vim "de baixo", como se costuma dizer. Reconheço o imenso mérito das pessoas que começaram suas vidas e carreiras com muito sacrifício, que batalharam, estudaram e deram duro para chegar a postos de destaque na sociedade e no mundo do empreendedorismo.

Contudo, comigo não foi assim. Por isso entendo que tenho algo que poucos autores têm a ensinar, mas não como se eu me assentasse numa poltrona confortável e arrogasse um conhecimento inalcançável à maioria dos mortais. Não! Mas porque, vindo de uma das famílias mais tradicionais do Estado do Espírito Santo, eu não parti de um mundo ideal para um mundo ainda mais excelente. Eu abri mão dos privilégios que tinha e decidi fazer meu próprio caminho, criar minhas próprias oportunidades e experimentar como é ser bem-sucedido fazendo as coisas de um modo diferente.

Lendo esta Introdução você já deve ter notado que alguns paradigmas e ideias consagradas foram quebrados por mim. E esse é o mote para que você acredite no que lerá daqui para a frente. Porque os leitores que espero encontrar são bem específicos. Eu quero falar com todos que desejam empreender, pessoas que estão no interior do Brasil e também nos grandes centros das oportunidades, os médios e grandes sem representatividade e especialmente o jovem empreendedor que quer dar certo na vida.

Você que acredita ser possível criar o seu caminho, que quer escrever a própria história e fazer isso conectando e se conectando a pessoas que tenham o mesmo objetivo, venha comigo, e eu vou mostrar que isso é perfeitamente possível!

Você acredita? Então, este livro é para você.

ANTES DE PROSSEGUIR, LEIA ESTE COMPROMISSO!

CARO LEITOR, ESTE LIVRO foi pensado, projetado e escrito com muito cuidado. É o meu primeiro livro e, por isso, fiz questão, juntamente com a minha equipe, de dar o melhor de mim, abrir o meu coração, resgatar histórias de vida que construíram o meu sucesso e princípios que me orientam e me trouxeram a postos, me aproximando de pessoas que engrandeceram a minha experiência.

Sabendo do potencial que essas histórias têm, sintetizamos as 7 leis da conexão que eu entendo serem aplicáveis a qualquer pessoa. Por isso, quero que você se prepare emocional e mentalmente para se conectar comigo a partir de agora. Somente assim conseguirá extrair vantagens pessoais, que também serão boas para mim, já que você levará para tantas outras pessoas o vigor e a veracidade desses benefícios.

Eu acredito no poder dessas leis, porque eu as vivo intensamente. E é essa experiência que trará transformação à sua vida se você assumir esse compromisso comigo a partir de agora!

AS 7 LEIS DA CONEXÃO

O ASSUNTO DESTE LIVRO, como já está claro, são as conexões pessoais, possíveis não somente entre parceiros de negócio, como os de que participei nas últimas décadas, mas também entre outras pessoas, aquelas com as quais eu mantive relação social ou comercial durante a minha trajetória. A partir de algumas dessas experiências, o leitor conseguirá vislumbrar possibilidades e as maneiras como as conexões merecem a nossa atenção constantemente.

Nós passamos a utilizar com maior frequência a palavra *conectar* depois que os computadores pessoais se popularizaram, porque ao ato de ligar qualquer cabo de força ou de rede a um computador passou a ser chamado de conexão. Conectar é um verbo e, como tal, indica uma ação. Essa ação é juntar partes, unir o que antes estava separado, não apenas aproximar, mas fazer com que diferentes partes se toquem, estejam vinculadas, ligadas e funcionando bem.

E é esse verbo, é essa ação constante que eu tenho procurado realizar em minhas atividades, ainda que de forma bem tranquila e leve, sem a obstinação paranoica que marca certos discursos sobre modelos de sucesso vistos hoje em dia.

Fazer pessoas e negócios se conectarem é algo natural na minha maneira de trabalhar, de ser e de agir. Talvez por isso eu tenha obtido sucesso em conectar pessoas; afinal, não faço disso a razão única do meu esforço e empenho, como se precisasse mostrar ou provar algo ao mundo. Eu simplesmente faço o meu trabalho e, pelo *feeling* que desenvolvi ao longo da vida, identifico quando uma situação pode gerar conexões positivas e produtivas para as pessoas com as quais eu venha a estabelecer alguma relação.

Bem, dito isso, não há mais motivo para ficar insistindo em definições de conceitos, porque nem mesmo eu sou apegado a eles. Respeito profissionais de destaque que criam métodos, esquemas e "passo a passo", mas não preciso negar a essência da minha maneira de ser no mundo dos negócios. Eu simplesmente faço o que entendo que deve ser feito e me envolvo com o que entendo ser promissor para meus negócios e investimentos e, a partir daí, dou o meu melhor. E o meu melhor para meus parceiros comerciais e para a sociedade, naquilo que me toca realizar algo para o seu benefício, é promover conexões.

Eu apresentarei um breve resumo do que entendo serem as 7 leis da conexão a partir da minha experiência e, em seguida, a cada capítulo, procurarei identificar como algumas delas se manifestaram em diferentes momentos da minha carreira profissional, nos diferentes negócios que criei e dos quais tive grande alegria de ter participado.

Vamos nessa?

Eu simplesmente faço o que entendo que deve ser feito e me envolvo com o que entendo ser promissor para meus negócios e investimentos e, a partir daí, dou o meu melhor.

1.

ESTEJA PRONTO PARA SERVIR

LUGAR-COMUM: NENHUM EDIFÍCIO SE sustenta sem uma base firme e segura. Não acredito que a melhor das intenções possa subsistir sem a noção do outro, sem o senso de que vivemos em sociedade, de que dependemos uns dos outros para crescer, para evoluir, para prosperar.

O ser humano tem autonomia sobre suas próprias escolhas; ou seja, ele tem capacidade de gerir a própria vida, tomar decisões que conduzirão o seu destino, como carreira, constituição de uma família, negócios e investimentos. Mas a ideia de sermos individualistas e termos uma postura egoísta, de pensarmos somente em nós, não nos deve seduzir. Está fora de cogitação o personalismo.

Isso deverá estar claro quando digo que temos autonomia para decidir sobre nossa carreira, constituição de uma família, negócios e investimentos. No entanto, até mesmo para nos casarmos, constituir família e realizar negócios, dependemos de outras pessoas. A conclusão óbvia disso é que sempre haverá o envolvimento de terceiros, embora tenhamos que tomar decisões pessoais. Uma coisa não anula a outra!

Assim, eu tenho esse lugar em minha vida, tenho esse espaço em minhas ações, de que nada daquilo que fizer será exclusivamente para mim. Enquanto eu pensar exclusivamente em mim e nos benefícios que poderei auferir do meu trabalho, esse trabalho não irá crescer nem dar frutos em sua maneira mais plena. É preciso pensar na inclusão do outro, no benefício do outro, na satisfação do outro e, como consequência, eu poderei satisfazer-me como ser humano e como profissional e cidadão brasileiro.

Assim, a primeira lei que destaco é que todos estejam prontos para servir.

A ideia de sermos individualistas e termos uma postura egoísta, de pensarmos somente em nós, não nos deve seduzir. Está fora de cogitação o personalismo.

2.

ESTEJA ONDE SEU PROPÓSITO DISSER PARA ESTAR

PODE PARECER CONTRADITÓRIO O que vou dizer, uma vez que parte dos negócios que criei relacionaram-se com o ramo do entretenimento. Como tal, esses negócios envolviam pessoas, as massas. Mas eu mesmo sempre fui muito cuidadoso com minhas amizades, procurando cercá-las do meu melhor. Nunca fui de estar em qualquer lugar, embora eu saiba que carrego a imagem de "parecer" gostar de estar aqui e ali, ou em todos os lugares. Mas não!

Observo que, ao receberem um convite para algum evento, as pessoas se esforçam para estar lá, independentemente se aquele lugar e as demais pessoas agregarão algo ao próprio propósito de suas vidas.

Por isso, sempre vá a lugares que estejam alinhados ao que você deseja traçar para a sua vida, alinhados aos seus objetivos pessoais (imediatos e de longo prazo) e tenha seus propósitos bem definidos ao participar de alguma reunião, seja ela num escritório de alto padrão ou em uma casa de espetáculos.

Não vá a qualquer lugar, de qualquer jeito, nem aceite qualquer convite. Sim, aprenda a recusar. As pessoas não devem estar em todo lugar. Há certa ansiedade para serem convidadas a estar aqui e ali. Não penso que devamos querer estar no maior número de lugares possível, com o maior número de pessoas, como se isso fosse fator determinante do sucesso numa carreira. É assim que muita gente enxerga o *network*. Eu, no entanto, penso diferente.

Não esteja em todos os lugares para os quais for convidado. Recuse convites para reuniões que tomarão o seu precioso tempo e que não agregarão à construção de sua carreira ou marca e ao atingimento de seus objetivos. Mas entenda: isso não é charme, não o tornará antipático, não o fará uma pessoa antissocial. Simplesmente você não precisa estar em todos os lugares, com todas as pessoas, atendendo a todos os convites que receber.

Valorize as conexões que tenham relação profunda com o que você quer para a sua vida e empenhe-se nelas.

Recuse convites para reuniões que tomarão o seu precioso tempo e que não agregarão à construção de sua carreira ou marca e ao atingimento de seus objetivos mais preciosos.

3.

FOQUE A QUALIDADE DAS RELAÇÕES, NÃO A QUANTIDADE DE CONTATOS

A TERCEIRA LEI DA conexão tem a ver com a qualidade das relações que mantemos, e não com a quantidade de pessoas que integram nosso *network*. No meu caso, como sempre estive ligado ao mundo do entretenimento, posso falar de outra coisa que os eventos provocam e que se estabeleceu como minha marca pessoal diante de meus amigos. Estando em um evento, eu sou um dos primeiros a ir embora. Eu não sou aquele tipo de pessoa que fica em uma festa ou em um evento até o final; costumo sair muito antes de o "burburinho pegar".

Se a segunda lei diz para eu estar onde o meu propósito disser para estar, entendo que a consequência natural disso deverá ser a qualidade das relações que estabeleço, muito mais do que a quantidade ou a duração que preciso dar a elas para que frutifiquem. Eu sempre busquei isso como realidade incontornável. E, quando falo em qualidade, refiro-me à qualidade do tempo gasto com essa ou aquela relação pessoal, ou seja, qualidade em relação à escolha do tempo durante o qual você vai permanecer no local, no evento e até numa sociedade comercial, bem como numa conversa na mesa de negociações.

Isso pode ser dito de maneira invertida: não perca tempo com aquilo que não está dando certo, que não está avançando. Invista o seu tempo em coisas que avançam à medida que as negociações avançam, façam sentido para a sua vida e estejam alinhadas ao propósito que você reconhece como sendo o seu.

Não perca tempo com aquilo que não está dando certo, que não está avançando.

4.

CONECTE-SE COM QUEM OLHA NOS OLHOS

A QUARTA LEI QUE eu sigo nas minhas relações me diz que eu sempre devo me conectar com pessoas que me olham nos olhos. Quando me sento numa mesa para tomar decisões, procuro fazer negócios com pessoas que sempre me olharam nos olhos. Nunca vou para a mesa de negociações com quem não tem esse comportamento, porque ele me passa segurança, revela a transparência do meu interlocutor, permite que eu faça uma leitura mais acurada do estado emocional e da integridade da pessoa com quem estou prestes a fechar o *business*.

Essa é uma condição fundamental da minha maneira de me relacionar com qualquer pessoa, porque eu sigo essa lei também em minhas relações pessoais e de amizade. Sem olhar nos olhos eu não me conecto, qualquer conexão se torna praticamente impossível. No decorrer do livro falarei um pouco mais sobre isso.

Sempre devo me conectar com pessoas que me olham nos olhos.

5.

NÃO CONFUNDA GENEROSIDADE COM AMOR

AS COISAS QUE FAZEMOS, devemos fazê-las com amor desinteressado. Quando tomarmos isso como parte natural de nossa essência, seremos lembrados de maneira graciosa pelas pessoas que de alguma forma estão conectadas a nós.

Em momentos especiais, como no final do ano, eu lembro das pessoas com quem passei boa parte do tempo e costumo enviar alguma lembrança para elas. Faço isso como maneira de demonstrar que não me interesso por elas somente quando estão trabalhando para mim. Mas, enquanto todos param para pensar em si, nas suas festas de família ou confraternizações, eu ainda estou pensando nelas e querendo que saibam o quanto são importantes em minha vida.

Quando vou à casa de alguém, costumo levar alguma coisa e ser educado, não permitindo que a pessoa sozinha me sirva, seja em uma visita para jantar ou um aniversário do filho de quem me convidou. Eu quero vê-las felizes e bem; e, fazendo isso, sei que naturalmente elas sempre se lembrarão de mim de uma forma positiva e amigável.

Quando fazemos algo para as pessoas que conhecemos, fazemos por amor a elas.

A generosidade, por outro lado, é aquilo que fazemos por pessoas que sequer conhecemos e que talvez continuaremos sem conhecer mesmo depois de ajudar. Estendemos a mão a vítimas de desastres naturais, como enchentes, terremotos e incêndios, por pura generosidade. Mas aquilo que fazemos por uma pessoa com a qual temos alguma conexão, nós fazemos por amor.

De certo modo, podemos dizer que a generosidade procura imitar o amor que existe quando há conexão direta entre as pessoas. Então, a generosidade acontece quando não há o amor da conexão pessoal. E em ambos os casos vemos conexão entre pessoas.

A generosidade é aquilo que fazemos por pessoas que sequer conhecemos e que talvez continuaremos sem conhecer mesmo depois de ajudar.

6.

MOSTRE INTERESSE GENUÍNO PELAS PESSOAS

OUTRA LEI QUE É um desdobramento da anterior é a sexta lei: demonstrar interesse genuíno pelas pessoas. Com a popularização das redes sociais, todos têm um local de fala, como se diz hoje. E nesse mundo de oportunidades para se expressar "livremente" nas redes sociais, cada um quer dar o seu palpite, mostrar a sua opinião, e o fazem *falando*. Com isso, estão cada vez mais em falta pessoas dispostas a *ouvir*.

Uma pessoa que esteja disposta a ouvir mais do que falar se diferenciará naturalmente num mundo como o nosso. Costumo começar as minhas conversas e estabelecer as minhas conexões ouvindo muito, perguntando sobre a vida das pessoas e aprendendo sobre o mundo e a situação em que estão e em que vivem.

Infelizmente, vejo pessoas falarem de suas vidas sem que ninguém pergunte sobre isso. Começam uma conversa exaltando a si mesmas, falando de suas qualidades, de suas realizações e esquecem-se de que nem sempre a outra parte quer saber aquilo, ou que talvez a outra pessoa seja melhor do que elas nas coisas das quais estão se gabando. Falar, falar, falar e não escutar só demonstra que alguém não se interessa pela vida da pessoa com quem está se relacionando ou meramente conversando e pouco se importa com suas questões.

Se quiser estabelecer conexões fortes e duradouras, mostre interesse genuíno por quem está com você.

Uma pessoa que esteja disposta a ouvir mais do que falar se diferenciará naturalmente num mundo como o nosso.

7.

SEJA SEMPRE HUMILDE

SAIBA DIZER QUANDO NÃO sabe algo: você não é o Google.

Num mundo onde há excesso de dados e de informação disponíveis na palma da mão, precisamos ter a humildade de dizer que não sabemos tudo. Em geral, as pessoas têm desenvolvido a mania de querer demonstrar que sabem tudo, apenas por terem visto uma postagem, uma chamada num portal de notícias ou assistido a algum vídeo em que algo foi dito sobre um tema ou fato, mesmo que seja *fake news*.

Eu entendo que devemos nos manter em constante processo de conhecimento, do mundo e das pessoas. Isso envolve conhecimento de si, que pode vir pela fé e por uma reflexão interior silenciosa e autocrítica. Eu costumo falar sobre conhecimento de saúde, sobre saber cuidar de si, sobre conhecer seus limites e cuidar da máquina humana, que é o nosso corpo. Afinal, é por meio dele que nossas conexões são feitas!

Como o conhecimento avança, evolui e se renova constantemente, sejamos humildes e não tenhamos vergonha de dizer que não sabemos tudo. Aprenda humildemente a dizer quando não sabe algo, mas que está aprendendo, que está ampliando o seu conhecimento.

Saber dizer que não sabemos algo não é uma fraqueza. Ao contrário, essa humildade é uma força rara em nossos dias, acredite! E é uma força que as pessoas precisam descobrir e adquirir.

No passado, impuseram algum ditame social de que deveríamos sempre saber tudo. Hoje, em contrapartida, temos que estar abertos a aprender sempre; do contrário estagnaremos.

Então, resumindo as sete leis da conexão que trabalharemos neste livro, nós temos:

1. Esteja pronto para servir.
2. Esteja onde seu propósito diz para estar.
3. Foque a qualidade das relações, não a quantidade de contatos.
4. Conecte-se com quem olha nos olhos.
5. Não confunda generosidade com amor.
6. Mostre interesse genuíno pelas pessoas.
7. Seja sempre humilde.

Num mundo onde há excesso de dados e de informação disponíveis na palma da mão, precisamos ter a humildade de dizer que não sabemos tudo.

A RÁDIO QUE TODO MUNDO VÊ

EM 1997, QUANDO EU tinha dezessete anos de idade, pedi a meu pai o Plano de Estágio do Grupo Buaiz, presidido por ele. Fiz isso porque queria ter a oportunidade de estagiar em alguma de suas empresas. Meu pai, por sua vez, tinha muito receio de que eu tivesse "a malandragem", por ser membro da família, ou que aspirasse a assumir uma posição de trabalho no Grupo. Ele tinha muito receio de que isso acontecesse e falava para mim, tentando me demover da ideia: "Olha, Marcus, você vai ter que estagiar apenas".

Ele tinha um modelo de gestão chamado Comitê de Gestão, do qual participavam ele como presidente, o diretor-executivo e os gerentes: o gerente da rádio, o gerente da televisão, o gerente da produtora e o gerente de áudio e vídeo, e eles prestavam serviço para a rádio e para a televisão ligadas ao Grupo. Obviamente, a área de televisão tinha o maior protagonismo, por trazer muito mais faturamento para o todo.

Eu notei que havia ali uma oportunidade, mas precisei negociar com meu pai o acordo que tínhamos feito, já que eu não poderia assumir um cargo executivo no Grupo.

Notei que o gerente da rádio tinha saído e, como eu era estagiário, vendo que a vaga estava aberta e ninguém do Comitê dava muita atenção para essa questão durante uma das reuniões, pedi a oportunidade de ocupá-la. Com isso, eu notei que havia ali uma oportunidade, mas precisei negociar com meu pai o acordo que tínhamos feito, já que eu não poderia assumir um cargo executivo no Grupo.

Sendo assim, pedi para ocupar o posto durante seis meses, para que pudesse realizar alguma ação mais efetiva, até que encontrássemos um novo gestor para a vaga. Naquele período eu fiz um diagnóstico da situação e, na minha avaliação, era preciso fazer duas coisas com a rádio.

Primeiro, uma vez que o capixaba tem uma conexão maior com os cariocas, em vez de terem maior afinidade com os outros estados, eu entendi e disse isso para a equipe: "A gente precisa ter programação regional – porque essa já era uma marca da nossa emissora de TV". E disse ainda: "Vamos criar uma comunicação na qual as pessoas se identifiquem melhor com o que dissermos".

A outra coisa que entendi ser necessária naquele momento era a questão do talento humano. Precisávamos de gente que faz rádio, que tem talento para ser locutor, para que pudéssemos criar a programação regional com a cara do nosso povo.

Dentro desse escopo do talento humano, tive outra ideia que pudemos implementar. Como o Grupo tem como parte dos seus investimentos um shopping center, e paralelamente a isso há o fato de que todo mundo com quem a gente falava sobre rádio tinha curiosidade de saber como era feito um programa de rádio, o ouvinte tinha que ter muita imaginação, pois as pessoas apenas *ouviam* a rádio.

Na televisão, quase tudo é para ser visto, ao menos os protagonistas aparecem na tela para interpretar cenas, além dos apresentadores de programas de entretenimento e noticiário. Hoje é possível assistir à gravação de um *podcast,* que é um dos produtos digitais que dominam a internet em nossos dias, e nós vemos as pessoas como são. Mas, sem ter uma câmera, o ouvinte não sabe como o apresentador da rádio está, como ele é, com o que se parece o estúdio, restando, como eu disse, somente a imaginação.

Então eu perguntei: "Por que não criamos a rádio que todo mundo vê?". Isso se tornou um *slogan* do projeto. E fomos implementar essa ideia, colocá-la em prática, criando um quiosque dentro do shopping, para onde o estúdio

Precisávamos de gente que faz rádio, que tem talento para ser locutor, para que pudéssemos criar a programação regional com a cara do nosso povo.

foi deslocado. E naquele espaço a programação da rádio passou a ser feita ao vivo. Desse modo, as pessoas que circulavam pelo shopping viam os locutores trabalhando em tempo real. Não demorou para elas começarem a encontrar a nossa equipe nos corredores do shopping e, mais do que isso, a ver no shopping o fluxo de artistas que iam dar entrevista; assim, esses artistas eram aproximados do público no espaço do shopping center.

Além desses dois pontos, eu criei paralelamente uma terceira vertente, que se baseou no seguinte: percebi que o que dava dinheiro para a rádio e gerava um fluxo maior de receita não era a venda dos 30 ou 45 segundos de comerciais, que eram a mídia da rádio. O dinheiro estava nos grandes produtores de entretenimento, a turma que fazia festas e realizava eventos.

Mas, usando a linguagem do *Canvas Model*, qual é a dor de um produtor de eventos que o produtor do serviço precisa curar? A dor do produtor de eventos, normalmente, é ter dinheiro como capital inicial para o seu negócio. Para que tudo funcione em seu segmento, o sujeito precisa vender ingressos, e só assim consegue o capital necessário! Mas, antes disso, ele precisa pagar o artista, fechar o contrato com ele e, só então, poderá divulgar aquele nome, que é quem atrairá o grande público e fará o seu evento se tornar um sucesso.

Não se pode divulgar um artista sem pagá-lo antecipadamente mediante contrato. Por causa disso, o *cash flow* se torna difícil para o produtor e, muitas vezes, é um entrave. Para sanar a dor desse cara, eu propus o seguinte: em vez de cobrar um valor pela mídia na divulgação do artista que participaria do evento, a rádio entraria de sócia na bilheteria dos eventos.

Então, as três inovações que promovi para os seis meses iniciais na condução da rádio foi criar "a rádio que todo mundo vê", criar uma rádio com identificação regional e entrar de sócia na bilheteria dos eventos em nossa região.

Qual seria o nosso risco mediante tais propostas? A mídia. Ou seja, não existia risco, uma vez que o tempo destinado a veicular publicidade (a mídia), em 99% das vezes é impossível ter 100% do tempo daquele espaço vendido. Essa "sobra" de tempo na programação nós chamamos de calhau, e se o calhau não for vendido, ele vira pó, não há como recuperá-lo. Assim, a minha ideia era ocupar o calhau da rádio com divulgação dos eventos, diminuindo

As três inovações que promovi para os seis meses iniciais na condução da rádio foi criar "a rádio que todo mundo vê", criar uma rádio com identificação regional e entrar de sócia na bilheteria dos eventos em nossa região.

alguma possível perda e aumentando significativamente o nosso faturamento.

Essas três ações fizeram com que a rádio alcançasse um resultado bastante interessante. Na experiência pessoal que trago em minha carreira, houve uma situação muito marcante. Desde o momento inicial da minha trajetória, eu estava convencido de que precisava me cercar de pessoas que fossem melhores do que eu. Eu tenho a humildade de saber que preciso aprender sempre com aqueles que vieram antes de mim e dar a chance de pessoas com outros tipos de inteligência demonstrarem seus talentos para que eu aprenda com elas e o negócio ganhe tração e cresça.

E o que aconteceu quando me deixei ser guiado por essa convicção? Eu chamei as pessoas da equipe e perguntei qual era a rádio número 1. Elas disseram que era a Jovem Pan. Eu quis saber quem era o locutor principal da Jovem Pan, e me aconselharam a esquecer esse negócio, porque o cara ganhava muito bem. Eu quis saber o porquê. E a razão é que, na época, a Jovem Pan era ligada à Globo. Hoje a Jovem Pan está ligada ao nosso Grupo.

Insisti na pergunta sobre o nome do locutor, e me disseram que era Torino Marques. Eu propus contratarmos o

Torino Marques, mas disseram que ele tinha um contrato muito bom na Jovem Pan, porque, além de ser a voz da rádio, que era a preferida entre o público jovem, também era a voz padrão da TV Globo local, uma vez que fazia todas as chamadas da programação da TV. Que profissional iria querer sair do primeiro lugar, estando na Rede Globo, e ir para uma rádio de menor expressão? Ele não sairia de onde estava – era o que as pessoas da minha equipe pensavam.

Então, pedi para chamarem o Torino para uma reunião comigo. Ele aceitou, veio até nós, sentou-se em minha sala, olhou para a minha cara, um moleque de dezessete anos de idade, e eu falei logo: "Cara, eu quero fazer a rádio se tornar a número 1 com este plano aqui" – e apresentei as ideias que descrevi nas últimas páginas. Ele me ouviu, disse que estava perfeito o meu plano, mas... e aí? Como seria essa contratação caso ele topasse sair da Jovem Pan?

Eu respondi que queria trazê-lo para o Grupo Buaiz, que meu plano era tê-lo como a voz padrão da nossa televisão, a fim de justificar o acúmulo do trabalho da parceria digital. Além disso, eu lhe daria um programa de rádio exclusivo, entre outras coisas. Enfim, ele demorou a tomar a decisão, mas acabou aceitando.

Hoje somos amigos e costumo brincar com ele. Quando se tornou deputado, o Torino me deu a honraria de Cidadão Capixaba na Assembleia Legislativa. Durante a minha fala na ocasião, eu disse que ele foi o primeiro "maluco" que acreditou em mim. Porque na época não fazia sentido ele sair de onde estava, e aquela era uma parceria aparentemente impossível de se realizar: a pessoa sair da rádio e da televisão principais para um veículo de menor expressão.

Mas o resultado disso é que nós, em seis meses, fizemos o trabalho, criando a rádio que todo mundo conhecia, com programas ao vivo, sendo a programação regional, como era a proposta original, e entramos de sócios em 99% de todos os eventos regionais. Com isso, a gente chegou ao primeiro lugar entre o público jovem.

O que percebi com esse processo à frente da rádio? Se tendo a mídia nós ficávamos com 20% da bilheteria, por que eu não poderia criar uma produtora de eventos e ficar com 100% da bilheteria? Eu produziria os meus eventos, levaria a rádio a ter os mesmos 20% e ficaria com 80%. Já com os 20% foi possível aumentar em mais de 200% o faturamento da rádio. Então, levei essa ideia para a minha família.

Ao ouvir o meu plano, minha família disse "não", porque o centro do negócio seriam os eventos. Imaginaram que aquilo era "coisa de farra" e festa, porque naquele tempo os eventos não tinham perfil de entretenimento. Hoje nem chamamos de evento, mas de entretenimento. Usamos outra nomenclatura para uma experiência que tem nova conotação. Mas o fato é que na época a minha família não quis apoiar, e embora eu tenha ficado chateado, hoje entendo o posicionamento que tiveram.

Tendo iniciado na gestão da rádio, fui levado a envolver-me com o mundo do entretenimento. Na época, eu tinha a cabeça muito limitada para a venda de ingressos, os tíquetes, imaginando que somente essa venda é que geraria receita nos shows. Aos poucos, percebi que tinha uma fonte importante de receita, chamada patrocínio, e que as empresas no Estado do Espírito Santo não tinham a capacidade nem mecanismos de captação de patrocínio, porque a vocação do Estado era outra.

Eu fui ver esse movimento acontecer plenamente em São Paulo. E para que pudesse construir esse movimento em meus negócios, eu precisaria estar lá, onde as coisas aconteciam. Ter um escritório na capital paulista para captar patrocínios

Mas o resultado disso é que nós, em seis meses, fizemos o trabalho, criando a rádio que todo mundo conhecia, com programas ao vivo, sendo a programação regional, e entramos de sócios em 99% de todos os eventos regionais.

naquele grande centro seria fundamental na realização dos eventos regionais que eu queria promover. Aqui, a amizade com o João Paulo Diniz foi importante, porque ele foi uma pessoa de referência gigantesca para mim pelo *networking* que estabeleceu. O João foi um amigo que perdi há alguns anos, um cara sempre muito prestativo, algo que admiro em uma pessoa, especialmente naquelas que têm alguma projeção social e não abandonam as suas origens.

Assim, foi em São Paulo que consegui fechar um contrato muito especial, na época, com a Cervejaria Skol, que era uma patrocinadora superimportante e presente nos eventos no Brasil. Fechar uma cota de patrocínio com a Skol me credibilizou junto a outros patrocinadores iguais ou mais importantes para que eu alcançasse mais recursos para meus eventos.

Então, nós estamos falando de uma conexão que levou a outra e que levou a outras maiores para o sucesso em meus empreendimentos. Eu vivi isso intensamente durante alguns anos da minha vida criando casas noturnas e realizando eventos de excelente projeção, e penso que poucas coisas no mundo conectam as pessoas como um show de sucesso, um evento de sucesso, como abrir uma casa noturna de sucesso,

Então, nós estamos falando de uma conexão que levou a outra e que levou a outras maiores para o sucesso em meus empreendimentos.

como abrir uma casa noturna de sucesso, pois esses ambientes conectam as pessoas.

É nesses lugares que estarão os governadores, os prefeitos, os maiores empresários do Estado, no meu caso, o Espírito Santo. Era lá que estavam os jovens em ascendência no Estado e o grande público, o nosso povo. E também é assim em outros estados.

Foi daí que surgiram, na minha opinião, as grandes oportunidades de conexão em várias esferas do *show business* no Brasil.

Assim, nesse empreendimento que praticamente marcou o meu ingresso no mundo dos negócios, vejo claramente a presença de duas leis da conexão. Uma delas é a segunda, que estabelece que devemos estar onde o nosso propósito diz para estarmos. Eu senti claramente que deveria empenhar esforço para estar na rádio, tentando traçar ou delinear um novo perfil para a sua programação. Eu fiz isso acontecer, e o sucesso confirmou que eu estava certo – e que a lei realmente funciona!

A outra lei da conexão que vejo atuando aqui é a terceira, que fala da qualidade das relações, não da quantidade. Eu a vejo no ponto em que insisti na contratação do Torino

Assim, nesse empreendimento que praticamente marcou o meu ingresso no mundo dos negócios, vejo claramente a presença de duas leis da conexão: a segunda e a terceira.

Marques. A maioria do meu time se recusava a acreditar que isso daria certo, mas eu sentia internamente que deveria tentar. Havia outros locutores muito bons, mas eu mirei naquele que entendi ser o melhor: priorizei a qualidade. Novamente o sucesso foi grande, e o nosso projeto prosperou.

Conexões não são apenas *network*, conexões são sintonias muito finas que dão mais certo do que uma frequência ampla.

Sobre conexão com pessoas certas, eu tenho mais a falar no próximo capítulo.

O VITÓRIA POP ROCK

DEPOIS DE RECEBER A negativa da minha família, eu pensei: "Ah, eles não querem, mas eu quero fazer isso funcionar". Então, nesse ínterim, surgiu a ideia de começar a planejar a montagem de uma produtora de eventos, que veio a ser o Vitória Pop Rock.

Quando se passaram os seis meses na rádio, na minha humilde expectativa imaginei que meu pai se esqueceria do acordo inicial. Afinal, com a rádio estando em primeiro lugar em audiência, pensei que ele não iria querer mexer num time que estava ganhando e disse: "Olha, meu filho, chegamos ao final dos seis meses". Era preciso que eu entregasse o posto na rádio.

Eu disse a ele que estava pensando "nessa coisa do entretenimento". Terminei o meu estágio e, então, comecei a formatar a ideia da minha empresa de eventos. Disso surgiu o Vitória Pop Rock.

Com a rádio estando em primeiro lugar em audiência, pensei que ele não iria querer mexer num time que estava ganhando.

O Vitória Pop Rock faria a promoção de eventos; ele foi um empreendimento à parte da rádio, sem qualquer vínculo com a Rede Vitória, pois visava apenas ao segmento em que minha família não queria entrar, embora usasse o espaço dedicado à mídia para divulgar os eventos que fazíamos.

Foi muito desafiador iniciar aquela empresa. Passou mais ou menos um ano até eu dar início às atividades dela, e não dispunha de capital para isso; afinal, eu ganhava como estagiário e não tinha dinheiro para investir em uma produção de relevo. Até aquela fase de minha vida, meu pai sempre tinha pagado os meus estudos, me subsidiou por anos, nunca deixou que me faltasse nada: saúde, educação, apesar de eu morar com a minha mãe, pois eles eram separados.

Ganhando entre R$ 1,5 mil e R$ 2 mil como estagiário, se quisesse pensar em realizar algum investimento em uma empresa eu precisaria levantar um capital fora do Grupo. Então, pensei: "Cara, vou atrás de um parceiro de estratégia para me ajudar nesse sentido".

Tendo ganhado ao todo uns R$ 8 mil ou R$ 9 mil como estagiário, entendi que teria que investir num projeto, e o 3D era o melhor modelo para se montar uma apresentação imbatível. Com um projeto apresentado em terceira dimensão, os patrocinadores conseguiriam "ver" melhor a ideia geral do evento. Era o que de melhor se fazia na época quando o assunto era entretenimento. Com o 3D, era possível vislumbrar as dimensões de palco e área para o público pretendidas com o evento, sem que se estivesse nele. Dava para projetar a pessoa (na verdade, um avatar) entrando no local. Um bonequinho tridimensional entrava no espaço do futuro evento e então tínhamos a projeção tridimensionalmente, antecipando as coisas como queríamos que fossem. Hoje tudo é digital, um avanço maior ainda.

E quanto eu tinha para investir? R$ 9 mil destinados a pagar a banda, pagar o espaço e fazer o projeto. Eu não conseguiria fazer o que era preciso.

Todos os dias pela manhã, quando ia para o estágio, tinha que passar pelo centro da cidade de Vitória, onde ficavam os estúdios da televisão. No caminho, eu passava por um lugar onde o Papa João Paulo II tinha rezado uma missa. Eu olhava para aquele local e pensava: "Eu vou fazer um evento aqui".

Mas seria preciso encontrar o dono do lugar. Procurei na prefeitura, no governo, e ninguém sabia dizer quem era o dono do espaço. Mesmo assim, criei o projeto, coloquei como local da realização a praça do Papa e fui para o mercado buscar

No caminho, eu passava por um lugar onde o Papa João Paulo II tinha rezado uma missa. Eu olhava para aquele local e pensava: "Eu vou fazer um evento aqui".

patrocinadores. Lembro que precisaria levantar entre R$ 500 mil e R$ 600 mil. Essa verba serviria para pagar a parte das bandas, porque é impossível divulgar um show sem que se pague pelo menos 50% da parte do artista.

Fui a nove pessoas que poderiam investir e entrar como parceiros comigo no negócio. Qual foi o descrédito que tive que enfrentar? Justamente o local que escolhi. Na época, os shows em Vitória eram feitos em um ginásio chamado Álvares Cabral. Lá cabiam oito mil pessoas. Para eu ganhar R$ 1 por pessoa, segundo a minha projeção, seria preciso reunir o público ou vender 10.001 ingressos. Como fazer um show para duas mil pessoas a mais, sem que eu perdesse nada? Era um negócio de maluco!

Só que, na minha cabeça, não se tratava de simplesmente "um show", seriam vários. Eu não queria levar esse público para assistir a um show, mas para viver uma experiência. O evento todo teria o espetáculo com as bandas, mas também teria tendas de produtos regionais, uma tenda eletrônica, um palco com sete bandas se revezando, um bar maravilhoso – que é uma importante fonte de receita em um evento desses –, e as pessoas teriam uma experiência que iria muito além de simplesmente assistir a um show.

Elas ficariam no local por doze horas, sempre com alguma atividade diversificada disponível.

Bem, foi isso que eu levei e apresentei para aquelas pessoas com quem me reuni, e elas riam muito: “Nesse lugar aí? Como é que eu vou investir no teu projeto? Você nunca fez nada disso, você não tem credibilidade. É muito novo, é muito risco. Não dá, pô!”. Foram coisas assim que eu ouvi.

Uma das pessoas chegou a dizer que o Roberto Carlos, que é o rei da música brasileira e é capixaba, colocou oito mil pessoas num evento na cidade, e eu queria colocar dez mil pessoas sem ser conhecido.

A última reunião que tive na esperança de conseguir um patrocínio aconteceu no lugar de onde eu tinha tirado o Torino: na Rede Globo. Eu fui àquela reunião porque a nossa relação com a Globo sempre foi muito boa; afinal de contas, o Grupo Buaiz também tem indústria de alimentos na região, e não somos apenas concorrentes na área da comunicação. Éramos clientes da Globo, o que nos dava uma área de interesses em comum e uma relação muito forte com eles.

Levei o projeto, mesmo já estando um pouco desanimado pelo fato de ninguém acreditar nele. O Magalhães, um sujeito que tinha vindo da Bahia, acabara de assumir a Globo local. Era para ele que eu tinha que apresentar o projeto, e deu para ver a cara dele de apaixonado pela ideia. Magalhães ficou maluco diante de tudo aquilo e, depois de ver a minha apresentação, disse: "Cara, é isso aí. Isso é a tendência, é entretenimento, é experiência".

Eu concordei, pois era isso mesmo que eu queria proporcionar. Mas acrescentei que eu não estava procurando um sócio, pois tinha a grana para fazer a coisa acontecer. Acrescentei, inclusive, que queria pagar a mídia à vista – mas, na verdade, foi doideira total da minha parte, pois eu tinha R$ 0 em caixa.

Ele viu a coisa de uma perspectiva diferente e disse que queria ser sócio, propondo a participação de 60% x 40%: ele com 60% e eu com 40% dos lucros. Eu disse que não, negativo, e insisti que estava com dinheiro para pagar a parte da mídia. A discussão avançou até que chegamos a um meio-termo: 50% para cada parte. Ele topou, mal sabendo que eu não tinha nada de capital para investir no negócio.

Eu havia identificado as bandas que queria para o evento, mas não tinha dinheiro para pagar o adiantamento, que é a praxe no segmento, como já disse. Mesmo assim, insisti que poderia pagar à vista pela veiculação, mas o Magalhães

A discussão avançou até que chegamos a um meio-termo: 50% para cada parte. Ele topou, mal sabendo que eu não tinha nada de capital para investir no negócio.

insistiu que não, e ainda disse: "Vamos pro risco. Eu quero ser seu sócio".

Minha reação foi dizer que a gente tinha que assinar um contrato logo, alegando que estava com muita demanda, muita gente queria ser meu sócio. Eu estava tão descrente daquela oportunidade que a agarrei com unhas e dentes. E tive que ficar esperando cerca de duas horas no escritório dele, até que apareceu um advogado, e assinamos o contrato ali, na hora.

Com o dinheiro que ele investiu, que era a mídia e parte dela em dinheiro, eu paguei o adiantamento das bandas. Mas aconteceu algo que eu não previa. Eu imaginava que colocando o projeto na rua, tendo anunciado o evento, com três ou quatro meses de antecedência já começaria a vender ingressos. Como eu iria colocar na mesa os outros 50%, que eram a minha parte na sociedade? Com a grana da bilheteria, eu pensei. Assim, o meu capital inicial para colocar o projeto em pé viria do dinheiro do público que compraria os ingressos.

A minha parte nos lucros viria da captação de patrocínio e, obviamente, da venda de bilheteria. Mas, como eu nunca tinha feito um único evento dessa natureza na vida, não tinha conhecimento de que bilheteria não vende com antecedência.

Mesmo assim, fiz um contrato com o Shopping Vitória, que é da minha família, e o negócio foi uma coisa boa... para o shopping. Tinha uma loja vazia e a ocupamos para a venda dos ingressos. Aluguei esse espaço e criei uma bilheteria ali.

No primeiro mês, não vendeu nada mais do que cinco tickets. Entramos no segundo mês e não foi diferente. Eu comecei a passar mal, a ter aquelas dores de estômago de ansiedade. O projeto só começou a dar uma guinada quando chegamos ao mês do evento; foi então que mais ingressos começaram a ser vendidos. Mesmo assim, as vendas ainda eram muito pequenas perto do que era preciso levantar no todo. Começamos a vender cinquenta ingressos por dia, então no dia seguinte o número passou a 150, e aí o negócio decolou.

Eu me espantei e disse: “Meu Deus do céu!”. Bem, no final das contas, no dia do evento constatamos que vendemos quase trinta mil ingressos e colocamos perto de vinte mil pessoas a mais do que o esperado. Aprendi a duras penas que o público só compra ingressos na hora do evento ou horas antes, mas também aprendi que o segmento de entretenimento é fantástico, e fizemos muito sucesso nisso, além de boas conexões.

Aprendi a duras penas que o público só compra ingressos na hora do evento ou horas antes, mas também aprendi que o segmento de entretenimento é fantástico, e fizemos muito sucesso nisso, além de boas conexões.

Com essa experiência, me tornei ainda mais grato ao meu pai, porque ele me deu saúde, educação e proporcionou muita consultoria com o meu avô, indiretamente, quando nos reuníamos durante a Páscoa, o Natal e o réveillon. A gratidão ao meu pai vem do fato de ele, tendo recursos para bancar o meu projeto integralmente, não ter feito isso, não ter colocado a rádio à minha disposição para apoiar a divulgação. Se tivesse acontecido dessa forma, digamos, com uma "solução familiar", o apadrinhamento dele, eu não teria tido o ímpeto de sair para vender o projeto para os *players* do mercado, nem teria tentado alcançar o meu sucesso com o esforço próprio. Hoje sou muito grato ao meu pai por isso.

No primeiro momento eu não entendi isso claramente, confesso. E me questionava sobre o porquê de ele não ter me ajudado. Hoje entendo o quanto me ajudou a ser quem eu sou, porque de outro modo eu não teria feito as coisas com tanto amor, tanto carinho e tanta dedicação.

Teria sido mais fácil para ele ter colocado o dinheiro no projeto, porque meu pai tinha capacidade para isso. Era um dinheiro pequeno, mas ele, em sua sabedoria, estava ciente de que tinha que deixar o tempo e as minhas experiências me amadurecerem.

Hoje entendo o quanto
me ajudou a ser quem
eu sou, porque de outro
modo eu não teria feito
as coisas com tanto
amor, tanto carinho
e tanta dedicação.

Quando eu subi no palco, durante a apresentação da Cassia Eller, que foi seguida por O Surto, uma banda local, O Rappa e Charlie Brown Jr., vendo aquele mar de gente se divertindo, dançando, cantando, eu pensei novamente: “Meu Deus do céu!”.

Aquele foi um dos dias mais felizes da minha vida, porque eu me vi pela primeira vez como um empreendedor de verdade. Naquele dia eu me vi como um cara que amava o que fazia. Eu estava começando uma carreira de verdade, fazendo o que eu acreditava ser o certo.

Num curto lapso de tempo, pensei que não seria mais viável viver em Vitória. Nos diversos momentos durante as apresentações das bandas, um filme passou pela minha cabeça, e aquilo definitivamente mudou a minha vida.

Além dos quatro nomes de bandas que mencionei, se apresentou uma banda local muito famosa, desejando construir uma história: era a banda Casaca, nome que vem de um instrumento musical capixaba, típico da região e com traços indígenas, uma espécie de reco-reco.

E a presença do Casaca acabou me dando uma alegria adicional, porque a Sony Music estava no evento para ver o show deles e acabou assinando um contrato com a banda ainda no palco. Aconteceu ali a conexão, que é um dos traços marcantes do meu trabalho. E penso que a sexta lei, "Mostre interesse genuíno pelas pessoas", se fez presente. Aquele imenso evento estava levando entretenimento e cultura para milhares de pessoas e, com tudo isso, ao contratar uma banda local para um evento com grandes nomes do rock nacional, eu conectei a banda Casaca com o pessoal da Sony Music, uma empresa multinacional que daria maior projeção para o trabalho musical deles.

NÃO TENHA MEDO DO DESCONHECIDO

HÁ POUCOS MESES EU tomei a decisão de redirecionar mais uma vez algumas rotas no meu caminho. Essa é uma decisão que todo líder e todo profissional de ponta, que acreditam na sua capacidade e no seu talento, devem saber tomar e não podem ter medo de fazer isso quando as circunstâncias os levarem a enxergar essa necessidade de mudança e redirecionamento.

Ao longo da minha trajetória profissional como empreendedor e investidor, eu me vi diante de situações que se revelaram novas, perspectivas que se abriram e, ao olhar além, pude ver o que algumas pessoas jamais veriam.

Dentre os negócios que tive, havia um investimento empenhado na Verone Vinhos e outro na Dry Cat Gin, que espelhavam o conceito do projeto que eu tive desde que saí das casas noturnas. Cheguei a ter treze casas noturnas, depois as vendi. Em seguida, entendi que era o momento de investir no ramo de bebidas e que seria um caminho complementar ao que já fazia.

Ao longo da minha trajetória profissional como empreendedor e investidor, eu me vi diante de situações que se revelaram novas, perspectivas que se abriram e, ao olhar além, pude ver o que algumas pessoas jamais veriam.

E, levando em conta o meu critério pessoal de saúde, fé e conhecimento, eu vejo que cada vez mais a saúde cura, e saúde é tudo. E eu entendo que a alimentação faz parte desse propósito profundamente.

E aí, vamos seguindo o caminho cujo lema é "o que te nutre é o que te constrói". Eu vejo o mundo cada vez mais preocupado e caminhando para essa tendência. Eu vejo isso em minha própria família. Eu sempre tive a preocupação de me alimentar com qualidade e, na minha infância, tive essa conexão com a alimentação com qualidade, não necessariamente comer pelo sabor.

Hoje eu vejo meu filho preocupado com esse aspecto. O José, de doze anos, fala sobre isso comigo, o que me motiva a cada vez mais pensar que a boa alimentação não pode ser um critério e uma possibilidade apenas para uma minoria. Digo isso porque produtos saudáveis ainda são caros e de difícil acesso ao grande público.

Então, criei um fundo para investir cada vez mais em descobertas nesse sentido. Eu sempre fui muito curioso; e, nesse caminho, costumo ler muito, comprar produtos que tenham e agreguem valor e benefícios quando estou fora do Brasil, produtos com possibilidade de adicionar bons resultados na qualidade de vida das pessoas.

Nesse momento, eu estou olhando fixamente para essa oportunidade de negócios, fomentando ainda mais o que poderá ser feito nesse segmento, que no meu ponto de vista é fazer o que se ama fazer e investir no que se tem como propósito, investir naquilo em que se acredita. É isso que faz com que nos dediquemos mais, faz com que nos conectemos mais.

Recentemente eu participei de uma feira grande nesse segmento e tenho conversado muito com pessoas que estão investindo nisso e têm estudado esses aspectos da saúde pela alimentação e a custos acessíveis para o maior número de indivíduos. Há pessoas hoje construindo essa ponte. Então, estou muito animado para esse passo que estou dando.

Embora seja um mundo novo para mim e para tantos investidores no setor, eu sempre procuro fazer negócios com pessoas que me olham nos olhos. Essa é uma coisa superimportante em minha maneira de ser e de me relacionar com qualquer ser humano: é preciso olhar nos olhos. Eu não vejo a menor possibilidade de me conectar com uma pessoa que quer negociar comigo, mas não me olha nos olhos.

Embora seja um mundo novo para mim e para tantos investidores no setor, eu sempre procuro fazer negócios com pessoas que me olham nos olhos.

Não olhar nos olhos não passa a transparência, não transmite verdade. É preciso captar a percepção de que há verdade, pois do contrário a conexão não poderá acontecer. Vejo que, quando as pessoas percebem verdade numa relação, se conectam mais firmemente. E a verdade, na minha opinião, vem primeiro pelo contato visual.

Ao entrar num mundo desconhecido, em um setor ou segmento novo, ao aproximar-se de um grupo social ou ao tentar fazer negócios com quem nunca vimos antes, penso que esse aspecto é superimportante para quem quer estabelecer relacionamentos firmes, se conectando e passando transparência e verdade.

Os negócios futuros, aquilo que nos é desconhecido, não nos deve amedrontar. Não a quem está semeando conexões seguras e verdadeiras. Para mim, que sempre acreditei muito no valor da natureza humana e em tudo aquilo que construí, sempre procuro criar conexões que passam pela troca de conhecimento entre as pessoas e delas comigo.

Eu não ignoro o fato de que ninguém é bom em tudo, de que ninguém sabe tudo. É muito importante cada um de nós saber dizer que não sabe algo quando não tem uma resposta, um projeto, plano ou caminho. E isso não nos deve gerar um sentimento de inferioridade; ao contrário, esse reconhecimento público da incapacidade de dominar tudo sobre um tema ou campo da atividade humana nos leva, também, a construir o que estou dizendo ser a verdade, e é ela que fortalece os relacionamentos.

E eu insisto na questão da verdade, porque sei que ela gera conexões transparentes e duradouras. Imagine as pessoas esperarem que você dará uma aula sobre certo tema e você dizer: "Sobre isso, eu não sei. Preciso aprender, preciso pesquisar". Isso é humanizar as relações que hoje estão tão frias, distantes e líquidas, termo com o qual o sociólogo Zygmunt Bauman descreveu e popularizou sobre os laços pessoais.

Temos que solidificar as conexões que hoje são líquidas, porque, se não fizermos isso, elas serão frouxas e não duráveis. Eu quero conexões duradouras e seguras e trabalho para isso. Se não fizermos assim, o esforço será à toa e teremos que refazer todo o trabalho de conexão cada vez que precisarmos de algo.

Eu procuro ter ao meu redor pessoas que me ajudem a entender o que desconheço e decifrar o que significa a nova aproximação. Pessoas com conhecimentos diferentes dos meus certamente me trazem percepções novas. Isso se

Temos que solidificar as conexões que hoje são líquidas, porque, se não fizermos isso, elas serão frouxas e não duráveis.

soma ao meu potencial, e o que eu tenho e sei acrescenta à vida e à experiência dessa pessoa. Há uma construção acontecendo quando nos aproximamos de pessoas diferentes, mas com propósitos e objetivos em comum. Chamo isso de unidade.

Eu sempre tive essa postura de me abrir para a busca do conhecimento, e o conhecimento está com as pessoas, por isso é tão importante criar conexões.

O mundo está mudando muito rápido. O que hoje achamos ser algo bom talvez amanhã não será.

Os jovens estão sempre nos surpreendendo. Tendo uma oportunidade, eles agregam novos conhecimentos e nós, que não somos jovens nem velhos, temos que saber aprender cada vez mais com eles. Acho essa interação entre gerações enriquecedora demais, porque conecta não apenas pessoas, mas gerações entre si para o bem público!

Não demorará muito, e será a vez de eles ditarem os rumos de nossas vidas. Então, independentemente da sabedoria que você tenha por conta da sua idade, ou por ter tido mais oportunidades de estudo e de formar uma carreira acadêmica sólida, ainda é importante saber dizer que "não sabe". Para mim, isso é um dom raro e necessário, além de fundamental no processo de conexão com quem quer que seja.

Há alguns anos, eu entendi que deveria rodar o Brasil fazendo palestras ou procurando dialogar com estudantes e jovens empreendedores, com o intuito de tentar dar alguma contribuição para a formação deles, a partir da vivência que eu já tinha obtido. Ao mesmo tempo, eu poderia aprender algo com eles. O mundo está em constante mudança, em mutação permanente.

Houve muitas situações em que eu ia para falar, e em muitas outras eu acabava ouvindo. Desses eventos com jovens empreendedores, desses projetos realizados e dessa troca de experiência, surgiram grandes empresários, foram executados grandes projetos, e várias pessoas envolvidas me procuraram para agradecer, enquanto outras vieram a mim para construir um novo negócio.

Eu me lembro de um jovem que me procurou depois de uma palestra seguida de um bate-papo na Federação das Indústrias do Estado do Espírito Santo. Ele estava meio ansioso, disse que tinha um valor X para investir e estava construindo um projeto de conteúdo para YouTube, prestando esse serviço para médicos, para pessoas que vendiam curso on-line. Eu dei uma dica para ele, orientei sobre o que eu faria com aquele investimento.

Há alguns anos, eu entendi que deveria rodar o Brasil fazendo palestras ou procurando dialogar com estudantes e jovens empreendedores, com o intuito de tentar dar alguma contribuição para a formação deles, a partir da vivência que eu já tinha obtido.

Dois anos depois, ele me procurou. Naquele momento, o mesmo jovem tinha R$ 10 milhões em caixa, a empresa tinha dado supercerto. E ele disse que a minha sugestão tinha sido um *game changer* na vida dele. Então, o nosso contato foi genuíno, foi uma troca sincera em que prevaleceu a verdade, o olho no olho, não foi baseado em qualquer interesse, a não ser que naquele momento houvesse a troca de experiência. E veja no que se transformou! Que oportunidade foi criada.

Depois do êxito daquele jovem, não fazia sentido a gente pensar em fazer negócios juntos, porque ele já tinha ganhado tração e ia muito bem, obrigado. Mas a satisfação que eu tive de ter visto e realizado essa troca de experiências, por meio de um aparentemente simples diálogo que o fez atingir o seu objetivo, já é mais do que recompensador para mim.

Tenho outras grandes histórias como essa, mas em especial a desse jovem me marcou muito. Hoje, a pessoa está numa posição, digamos, iniciante, mas amanhã poderá estar em outra, muito mais favorável. É nisso que eu vejo as possibilidades de conexão que precisam ser feitas baseadas em motivações genuínas e verdadeiras.

Sendo assim, consequentemente, você deverá saber quando negar vários convites que serão feitos, mas não terão a ver com você nem com o seu propósito de vida e de negócios. Posso dizer com base em minha experiência que muitos deles não terão nenhuma relação com aquilo que você busca.

Eu tomo como lição a esse respeito algo que aprendi com uma pessoa amiga, por quem eu tenho grande admiração, que é o apresentador Fausto Silva. O Fausto dizia que muitas vezes as pessoas respeitam bem mais o "não" do que o "sim". Hoje sei que isso é verdade, porque o "não" vem quando aquele evento ou projeto não tem relação comigo, não tem conexão ou similaridade com as minhas expectativas.

Então, por que eu tenho que aceitar tal convite? Não, eu esperarei a chegada do convite para aquilo que agregue, e as pessoas precisam saber respeitar meus objetivos, bem como minhas metas e expectativas, assim como eu devo respeitar aquilo que elas também querem para suas vidas e carreiras.

Intimamente relacionada a isso, vem a questão da qualidade frente à quantidade. Se você quer maximizar seus esforços, eu acho bastante importante que tenha essa percepção muito bem definida de que é preciso se concentrar naquilo que é o melhor – não o bom, mas o melhor! Quando se quer fazer mais do mesmo, ser convencional, comum, então a quantidade está de bom tamanho. Mas, se quiser fazer algo com excelência, com diferenciais, então será preciso esperar que o melhor chegue até você ou que você o identifique e vá atrás dele.

Eu poderia ter amizade com inúmeras pessoas nos mais variados setores da sociedade. Como seres humanos, elas são valiosas. Contudo, eu não poderia dar o meu melhor para elas, porque seriam tantas pessoas que me consumiriam tempo e energia, e eu não poderia dar algo de qualidade para elas em troca da nossa amizade.

Do mesmo modo em relação a mim: se quero me cercar de pessoas que se conectem a mim para criarmos coisas grandes e relevantes, se quero construir o que eu sempre chamo de "o meu maior ativo", que são os meus contatos, os meus relacionamentos, então preciso selecionar as pessoas certas. Além disso, sei que são elas que poderão me apoiar quando eu precisar de algo no campo profissional, no campo pessoal, no campo da saúde e assim por diante. É assim comigo e também com você, saiba disso.

Todos nós, em algum momento da vida, precisaremos de um contato específico, de um apoio fundamental, o que é muito importante que tenhamos e que saibamos cultivar e preservar próximos a nós.

Se você quer maximizar seus esforços, eu acho bastante importante que tenha essa percepção muito bem definida de que é preciso se concentrar naquilo que é o melhor – não o bom, mas o melhor!

Eu costumo dizer que não é a quantidade de pessoas que temos na agenda do celular, e sim a qualidade da relação construída com essas pessoas. Somente a qualidade dessas relações permitirá a nós seguir empreendendo com elas em variados campos da sociedade, e isso em duas vertentes.

Por exemplo, se eu tiver uma relação de qualidade com determinada pessoa, poderemos empreender ou criar algo em um setor diferente, se entendermos que isso está de acordo com o objetivo momentâneo de cada um de nós, porque embora sendo campo de investimento diferente, a qualidade da minha relação com ela é boa e sustentável. Por outro lado, a qualidade dos seus contatos é que poderá franquear o acesso a outras pessoas para novos projetos, pessoas que eventualmente tenham o perfil necessário ao seu novo negócio. A conexão com a pessoa em quem você confia é que o fará se conectar e começar a construir a nova possibilidade de negócios.

É por isso que eu considero de extrema importância ter essa visão da qualidade das relações, em vez de sair tentando construir um *network* gigante, uma rede de amigos que tenham base, com pessoas que não sejam de fato verdadeiras, porque no médio e no longo prazo ela não se sustentará.

E eu sempre soube me colocar na posição de observador e aprendiz das pessoas que eu admiro. E sempre repito que ninguém é bom em tudo e que a verdade é um valor universal. Não importa se a pessoa tem dinheiro ou não, não importa de que etnia ela é, ou que percepção social alguém possa ter: se ela é verdadeira, isso imperará em nossas relações.

Nesse sentido, o João Paulo Diniz sempre foi uma grande referência para mim, porque independentemente da posição que ele teve, de poder econômico, poder de influência de impor respeito, o João Paulo sempre permitiu que as pessoas se aproximassem dele, tendo a sabedoria de distinguir quem era quem. Ele não se isolou em função da condição que desfrutava, mas soube ter seus amigos mais próximos. Bem, até mesmo Jesus Cristo, que escolheu doze discípulos, tinha Pedro, Tiago e João como os três mais próximos, para situações especiais.

Assim, eu cito essa percepção sobre a questão dos convites e das relações mais afins, porque quando você começar a ter ascensão, as pessoas começarão a querer que você esteja com elas e o convidarão para tudo o que elas forem fazer e pedirão que você opine sobre as coisas nas quais elas estão envolvidas, quando elas é quem deveriam saber decidir seus destinos.

Fica aqui o registro desse princípio para a sua vida: observe e saiba quem são as pessoas, os lugares e as relações em que você deve investir energia e atenção. Pergunte a si mesmo e entenda o que realmente faz sentido para você, o que compõe mais com os seus objetivos e onde está a verdade em tudo o que te cerca.

Eu sempre digo que sou o primeiro a chegar e o primeiro a sair nos ambientes que frequento, porque esse é o meu verdadeiro perfil, e é assim porque eu realmente mantenho o foco nos meus objetivos, sem dissipar minhas energias com aquilo que não será útil para mim, para quem está comigo, nem para as pessoas na sociedade que poderão ser beneficiadas pelo que eu estou fazendo.

Observe e saiba quem são as pessoas, os lugares e as relações em que você deve investir energia e atenção.

NÃO DESPREZE QUALQUER HABILIDADE: TORNE-A UMA POSSIBILIDADE

"O futuro pertence àqueles que aprendem mais habilidades e são capazes de combiná-las de formas criativas."

— Robert Greene, escritor

EU COSTUMO OBSERVAR E respeitar os diferentes modos como as pessoas estruturam, planejam e organizam suas carreiras. Como somos todos diferentes, percebo que neste universo de diversidade de talentos e habilidades há pessoas que, antes de agirem, precisam enxergar cada passo que poderá ser dado antes até que efetivamente inicie a sua jornada.

Outras pessoas não são assim. Para elas, basta seguirem suas intuições, seu *feeling*, farejarem as oportunidades para que possam aproveitá-las, tão logo se apresentem diante de si. Eu acredito que me enquadro no grupo dessas últimas, como já disse anteriormente. Para mim, é natural estar atento a novas portas e janelas de oportunidades que se abrem no decorrer do tempo e, num olhar de avaliação, costumo perceber possibilidades de conexões promissoras.

E não me fecho nelas! Uma vez atendidos certos pré-requisitos pessoais que preciso encontrar em uma oportunidade, eu avanço e dou o meu melhor. Se algum tempo depois eu identificar algo melhor ou caso apareça um investidor interessado em adquirir aquilo em que tenho trabalhado, o apego não será impedimento para que me desfaça de um *business* para seguir em frente com outro, mesmo que o novo seja em uma área da qual não tenha a mais completa *expertise*.

Ao longo dos anos em minha vida de empreendedor, os ambientes onde eu me sentia mais confortável e útil foram surgindo à medida que eu fazia novas conexões. Desse modo, eu percebo em minha experiência pessoal que carreiras de sucesso também devem ser construídas no decorrer da jornada, na caminhada, à medida que as leis universais da conexão são aplicadas no dia a dia das nossas relações.

É verdade que as leis não falham e, quando são postas em prática, fazem convergir o melhor daquilo que o indivíduo tem para o benefício do maior número de pessoas. Afinal de contas nós, que somos empreendedores, criamos negócios e serviços que beneficiarão as mais diversas pessoas, tantas que não conseguimos imaginar quando tomamos a decisão de investir nisso ou naquilo. No entanto, é importante que não percamos de vista a consciência de que os nossos negócios devem fazer o bem para o maior número de pessoas, melhorando suas vidas sempre que possível.

É verdade que as leis
não falham e, quando
são postas em prática,
fazem convergir o melhor
daquilo que o indivíduo
tem para o benefício do
maior número de pessoas.

Nisso reside a alma do livre mercado, a essência mais sublime de um sistema econômico saudável e desejável a todos.

Mas, ao longo da jornada de construção de uma carreira empreendedora ou de uma carreira profissional exitosa, as oportunidades poderão surgir de onde não esperamos. Isso é fato. Afinal de contas, nem tudo na vida dependerá exclusivamente de nós; em qualquer sistema econômico, são muitas as variáveis que compõem uma conjuntura, e mesmo ao longo do tempo elas mudam.

Quando acontece de uma oportunidade surgir de onde não esperamos, certamente isso nos surpreenderá. Novas oportunidades podem nos impressionar ao mostrarem que temos alguma habilidade que não era posta em prática em nossa rotina. Embora despercebida por nós durante muito tempo, tal habilidade esteve sob observação de alguém atento ao nosso desempenho.

Nada acontece por acaso, e raramente há coincidência quando estamos sob as leis que regem as coisas e as relações em nosso planeta e, especialmente para nós, as leis da conexão.

Algo que jamais imaginei acontecer, algo que jamais quis desenvolver, algo para o qual não achei que tivesse capacidade nem planejei fazer em minha vida, aos poucos foi ganhando forma. Quando os primeiros sinais se tornaram mais evidentes, comecei a considerar que estava tendo uma evolução positiva em certa área da minha vida. Refiro-me, inicialmente, à parceria que fiz com o BTG Pactual em relação à minha imagem e à forma como eu me comunico com o público, que é o público do banco.

Eu admito que tenho alguma timidez natural e, em função disso, sempre procurei operar nos bastidores dos eventos e das parcerias em que coloquei a minha mão. E sempre gostei de que pudesse ser assim. Essa "preferência" era um mistério que me deixava confortável para fazer a parte de planejamento nos negócios, e eu gostava de ocupar essa função. Eu sei o que fazer, sei organizar e levantar um negócio, mas nunca precisei da exposição. Na hora de ligar o microfone e falar, eu estive por trás de muitas falas e pronunciamentos de meus sócios e parceiros, mas eu jamais quis estar à frente daqueles ouvintes.

No entanto, chegou o dia em que eu me permiti isso. O presidente do BTG Pactual, o Roberto Sallouti, me chamou e fez o convite para eu ser embaixador e comunicador da marca. A sua equipe mostrou que a minha parte na parceria seria falar em nome do banco, através de algumas oportunidades que seriam criadas especificamente para esse fim.

Uma dessas oportunidades foi o lançamento de um podcast chamado *Conselhos de Negócios*.

A sugestão do meu nome para o posto de embaixador e comunicador surgiu da minha relação de quinze anos com o banco (isso à época). E essa relação deu resultados para mim e para o BTG, por ser baseada no princípio da verdade. Daí eu ter legitimidade para que a minha imagem fosse a expressão exata de algo que dá certo, como ainda hoje é.

De minha parte, diante de um convite assim, confesso que eu não me considerava a pessoa mais indicada para aquele tipo de função como comunicador, já que eu sempre me vi atuando fortemente nos bastidores. Eu nunca havia feito um negócio como aquele e não me via naquele lugar. A equipe de marketing do banco sinalizou que eu apenas imprimiria a minha experiência verdadeira com a instituição, eu não interpretaria um personagem fictício, e foi isso que me deu a segurança necessária.

Então, juntos, nós construiríamos um caminho para que eu pudesse fazer o meu trabalho e, de alguma forma, se as coisas não dessem certo, a gente não prosseguiria.

A primeira pessoa que entrevistei no podcast *Conselhos de Negócios* foi o Carlinhos Maia, influenciador digital e empresário, além de meu amigo. Eu fiz a opção por seguir entrevistando pessoas próximas a mim, porque desse modo eu me sentiria mais confortável, e a gravação dos programas seria como se tivéssemos um tempo para bate-papos informais.

Também ficou combinado de eu ter liberdade para perguntar o que quisesse, sem ficar preso a um assunto específico ou roteiro rígido, e os entrevistados deveriam ter liberdade para conduzir o bate-papo em determinada direção, caso entendessem ser interessante tocar em algum tema da vontade deles, para que a audiência aprendesse ou conhecesse um aspecto peculiar.

Esse formato deu muito certo. Tanto é que renovamos o contrato depois de três anos de produções.

As pessoas têm visto valor nisso, tanto os profissionais do banco quanto o público que ele procura alcançar. O BTG Pactual optou pela renovação do nosso contrato, pelo qual eu me mantenho como embaixador da marca. Focado no BTG Pactual Empresas, de onde vem o meu reconhecimento público como empreendedor. E hoje sabemos (ao menos eu estou mais convencido) que os empreendedores se identificam com o meu perfil.

O BTG Pactual optou pela renovação do nosso contrato, pelo qual eu me mantenho como embaixador da marca.

Inicialmente, eu apresentei o podcast *Conselhos de Negócios*, em que entrevistei nomes como Martha Leonardis, Bruno Martini, Rafael Zulu e Marcio Garcia. Na sequência, comecei a apresentação de uma série chamada *Caminhos Empreendedores*. Além disso, como embaixador da marca, eu ajudo a comunicar as ações do banco no campo do marketing e do relacionamento, e estamos muito satisfeitos com os resultados.

Então, surgiu uma nova proposta. Mais recentemente, fui procurado pela CNBC norte-americana e fiquei muito impressionado pelo convite. A CNBC é um canal por assinatura nos Estados Unidos, dedicado a notícias de negócios. Eles estão chegando ao Brasil e me convidaram para apresentar um programa de negócios na nova emissora. Evidentemente, alguém lá dentro viu alguma peça institucional da qual eu participei para o BTG Pactual, e isso chamou a atenção da equipe da CNBC para a minha imagem e a maneira como eu me expresso, falando como empreendedor para um público que interessa à emissora.

Vejo isso como algo muito positivo, mas que jamais imaginei realizar. Confesso que a área da comunicação nunca mostrou qualquer habilidade ou valor que eu pudesse identificar em mim, e mesmo que eu tenha me envolvido com comunicação no passado, no tempo da rádio ou nos eventos artísticos ou de entretenimento que promovi e organizei, eu sempre fui o cara dos bastidores.

Lembro de ter criado textos para alguns de meus sócios ou para membros de algumas de minhas equipes que falavam em público, mas eu mesmo não enxergava em mim o carisma necessário para esse tipo de negócio. Até no caso de minha sociedade com Ronaldo Fenômeno na empresa 9ine (lê-se *naine*), eu era o CEO e cuidava da gestão do negócio, e o Ronaldo é que aparecia em público e falava nas entrevistas à imprensa ou para quem fosse preciso, já que ele tinha e tem muito mais habilidade com jornalistas do que eu.

Além disso, na fase em que eu produzia shows e festivais, eu nunca fui o cara que subia no palco, nem mesmo para anunciar as atrações; me mantive sendo o cara dos bastidores.

A FORÇA DE UMA LEI E SEU ECOSSISTEMA

Esse é um aspecto para o qual eu quero chamar a sua atenção, caro leitor. É que as leis da conexão de que estamos tratando pressupõem talentos e habilidades das pessoas dentro de um ecossistema. E as leis, como tais, regem os variados sistemas que compõem uma sociedade, qualquer que seja a sociedade e o sistema em que ela está inserida: política, cultura, mídia, educação, artes, religião, economia, mercado etc.

Nós, profissionais e empreendedores, por melhores que sejamos em nossa área de atuação técnica ou específica, por mais destacados que sejamos no segmento em que atuamos, nunca, jamais poderemos manipular uma lei, por mais trivial que ela possa parecer. Por exemplo, sequer nos lembramos da existência da lei da gravidade; mas se experimentar burlar a sua força, pulando de um andar qualquer num prédio de apartamentos, você verá como essa lei se imporá a você dramaticamente, talvez mortalmente.

Por isso, sugiro que desconfie dos vendedores de ilusão, que encantam seus seguidores com fórmulas prontas que eles dizem funcionar em qualquer ambiente onde forem aplicadas. Fórmulas não são leis, são receitas; pessoalmente, acredito que receitas podem funcionar bem com uns, mas não tão bem com outros. Nós fazemos os nossos caminhos, isto é, as nossas receitas, a partir do repertório próprio, das nossas experiências, de cultura, formação, traços pessoais de personalidade e assim por diante.

Nós, profissionais e empreendedores, por melhores que sejamos em nossa área de atuação técnica ou específica, nunca, jamais poderemos manipular uma lei, por mais trivial que ela possa parecer.

Desse modo, as coisas não são tão fáceis no mundo real, e você e eu vivemos nesse tipo de mundo, um mundo de verdade, não o mundo da fantasia. Como disse há pouco, existe uma coisa chamada conjuntura (que é o contexto de onde estamos). Uma conjuntura envolve vetores muito variados, como o momento político que o país está atravessando (ou que estamos analisando), a situação econômica nacional (ou de um setor), a disposição social de um povo (empolgação, descrédito, confiança, frustração etc.), que influencia os investidores, entre outros fatores.

Para se ter uma ideia, usando um exemplo bem simples, basta considerar que a alta do dólar faz uns ganharem dinheiro, enquanto outros podem perder alguma parte de seu capital; a alta ou a baixa da Bolsa de Valores produz o mesmo efeito em diferentes investidores. O preço do petróleo, bem como a cotação internacional das *commodities*, também afeta uns positivamente, enquanto outros podem lamentar.

Assim, o que estou querendo dizer é que, mesmo quando as coisas não vão tão bem quanto gostaríamos que fossem em determinado momento de nossa carreira, temos que aprender a aproveitar as lições e experiências que nos são oferecidas e crescer com elas. Então, quando mudar a conjuntura negativa e ela passar, quando a situação não nos for mais hostil ou negativa, nós teremos adquirido mais repertório que poderá ser útil no novo momento que virá.

Com isso, quero que saiba que embora eu estivesse ciente de que a comunicação não era a minha principal ferramenta de trabalho, eu não deixei de buscar o aprimoramento dessa capacidade. Nas fases em que eu não podia aparecer em público, porque comunicar-me diante de uma multidão não era a minha maior força, quando algo me vinha às mãos para fazer (como redigir um texto), eu procurava a excelência naquilo que era para ser feito, mesmo sabendo que eu não receberia os louros, mesmo sabendo que outro iria aparecer diante das câmeras e dos holofotes e cresceria na opinião pública.

Ganhar pouco não significa não ganhar nada.

Imagine se a empresa 9ine tivesse como sócio outra pessoa que não fosse um jogador mundialmente conhecido como o Ronaldo, mas tivesse outro sócio menos famoso. Pelo simples fato de termos fechado uma parceria com um grande grupo, como a WPP, esse sócio fictício apareceria nos comunicados da empresa, já que eu não estava maduro para me comunicar abertamente. Boa parte das pessoas pensaria

Ganhar pouco
não significa não
ganhar nada.

que ele é quem estaria em evidência, enquanto eu, o "cara dos bastidores", aparentemente teria deixado de criar oportunidades pessoais de autopromoção. Mas essa não é a melhor perspectiva.

Mesmo não sendo o cara da vitrine naquele momento, eu dei o meu melhor para o bom desempenho de outra pessoa, eu criei elementos para que outro se saísse bem na execução de sua função, e silenciosamente eu preparava a mim mesmo, sem que soubesse disso. Eu estava semeando em minha própria carreira para uma ocasião futura, quando as leis que regem os negócios e os empreendimentos de sucesso trariam até mim a parte que me cabia por aquilo que realizei.

Eu fiz a conexão entre aquele meu momento e o momento que vivo hoje. Sim, isso também é conexão, porque todas as leis funcionam dentro de nosso ecossistema.

INTEGRIDADE

Na prática, não temos uma lei para cada setor da vida humana. Por isso, ser bem-sucedido nos negócios demanda que tenhamos integridade, e integridade tem a ver com inteireza de caráter, inteireza de vontade, inteireza de disposição e inteireza nas realizações, sem procrastinar, sem deixar de executar as etapas e tarefas necessárias na implantação de um *business*, qualquer que seja ele.

As leis da conexão, e qualquer outra lei que rege o nosso mundo, facilitam a vida e as relações interpessoais, além de recompensarem o nosso empenho quando as obedecemos, quando nos alinhamos às suas diretrizes, sem tentar burlá-las. Porque ir contrariamente a uma lei nunca trouxe benefício a ninguém.

Se forçarmos a barra para nos destacar em uma atividade para a qual não fomos preparados de antemão, para a qual não dispomos de habilidade alguma que pudesse ter sido desenvolvida com o tempo, o fracasso será a pedra na qual mais cedo ou mais tarde iremos tropeçar. Há vários exemplos de fracassos na história do empreendedorismo, muitos deles vistos na era digital em que estamos, e esses fracassos demonstram que leis são leis.

A internet abriu uma imensa janela de oportunidades para pessoas dos mais diversos ramos de atividade. Houve, inicialmente, uma gigantesca bolha, no final dos anos 1990, e muita gente aproveitou para entrar e surfar a grande onda. Foi tudo muito rápido e, de repente, empresas de garagem passaram a valer bilhões de dólares, e suas ações passaram

As leis da conexão, e qualquer outra lei que rege o nosso mundo, facilitam a vida e as relações interpessoais, além de recompensarem o nosso empenho quando as obedecemos.

a ser negociadas na Bolsa Nasdaq. Mas a bolha estourou e lançou bem longe muita gente que não tinha preparo para se manter em pé. Muita gente perdeu dinheiro na época, mas aqueles que tinham uma bagagem e estavam conectados à realidade das demandas do mercado e não eram oportunistas se mantiveram firmes e até hoje ganham muito dinheiro.

A falta de conexão com a realidade, com pessoas de verdade e com um propósito mais amplo dificilmente atrai o sucesso e os melhores investimentos para o seu negócio. Os investidores estão à procura de planos de negócio que envolvam este tripé: a realidade presente com perspectivas futuras, pessoas reais e a escala.

Ainda que eu não tenha lançado mão do talento da comunicação de maneira mais ostensiva no início de minha carreira, eu o aprimorei ao longo dos anos, de modo gradativo – e confesso, inconscientemente (mas não displicentemente).

Você está lendo este livro, por exemplo, porque tem interesse em aprender mais sobre conexões e sobre o que me levou a ter êxito nos negócios dos quais fiz e faço parte. Os livros servem para as pessoas interagirem com outras, para dialogarem sobre ideias inovadoras; eles servem para vermos o mundo pelos olhos de pessoas de outras culturas, de

A falta de conexão com a realidade, com pessoas de verdade e com um propósito mais amplo dificilmente atrai o sucesso e os melhores investimentos para o seu negócio.

pessoas que estão em outro patamar e têm enxergado mais longe. E também servem para pessoas que não têm determinado talento, mas querem aprender uma nova habilidade, pessoas que querem modular e saber como se faz algo para, então, poderem fazer parecido.

Por meio dos livros as pessoas podem ser encantadas para um novo universo. Quem sabe você não será o multiempreendedor daqui a alguns anos?

TUDO NO TEMPO CERTO

Durante os três anos iniciais da parceria com o BTG, notei que outras pessoas e marcas me procuraram com objetivos semelhantes, para que eu me tornasse "a cara" da marca delas. Gradativamente, esse movimento de procura com o objetivo específico foi me deixando mais e mais seguro para me manter nesse lugar.

Além disso, outro ponto que posso frisar é ter visto a possibilidade de transformar as receitas oriundas da minha exposição como marca, em campanhas ou nas redes sociais, em algo social. Isso faz parte do tripé que eu disse que atrai investimentos: ter conexão com pessoas para que mais e mais sejam beneficiadas.

O Marcus Buaiz comunicador acabou por se tornar uma forma de retribuir o que conquistei na minha vida como *business man*, e essas receitas irão para projetos em educação, por exemplo.

Ao fazer a proposta em nome da CNBC, o Douglas Tavolaro, um jornalista com vasta experiência na televisão, e que é meu amigo há muito tempo, disse ter feito uma pesquisa e o meu nome foi um dos mais bem cotados para apresentar um programa sobre *lifestyle* no horário nobre do novo canal. O convite, para mim, apenas confirmou que estamos no caminho certo. Eu serei o âncora do programa, porque ele entendeu que a minha imagem é muito forte para os propósitos deles e que posso entregar a força e a mensagem pretendidas.

Creio que essa situação seja oportuna para as pessoas entenderem que é possível descobrir novas habilidades e conexões depois de anos de carreira empenhado em um negócio específico, ainda que sendo bem-sucedido; sempre é possível expandir, e essa é a prova!

Esse meu lado comunicador veio a aflorar aos 42 anos de idade; eu nunca tinha pensado nessa possibilidade, nem visto ou me permitido ter essa experiência. Desse modo, a minha sugestão a você é que, no decorrer da sua própria carreira, sempre esteja com a mente e os olhos bem abertos para o surgimento de alguns caminhos que redirecionem as suas forças e os seus recursos.

Também quero inspirar você a buscar a melhora da sua comunicação. Há pessoas que têm essa habilidade naturalmente, mas muita gente não tem, e para superar uma dificuldade dessa natureza é possível estudar, treinar e aperfeiçoar, caso entenda que essa seja a sua vocação.

Eu, honestamente, confessei que tinha dificuldade com a comunicação em público, mas, quando me permiti ousar, a partir da segurança que veio depois de ter sido provocado por um cara que admiro, pensei: "Caraca, se acreditam e confiam em mim, eu posso!". E uma vez que me permiti fazer isso sem puritanismo, isto é, sem os rigores dos grandes nomes consagrados da comunicação nacional, vi que era possível transformar esse novo empreendimento em um legado social, visando ao bem comum, ao bem-estar das pessoas na sociedade.

Aos poucos, fui construindo formas de me permitir estar diante de uma câmera e encontrando o meu caminho e o meu modo de executar esse novo ofício. Quando olho para o que fiz, posso julgar que foi bem-feito e fui bem-sucedido.

A minha sugestão a você é que, no decorrer da sua própria carreira, sempre esteja com a mente e os olhos bem abertos para o surgimento de alguns caminhos que redirecionem as suas forças e os seus recursos.

Consegui entregar aquilo a que me predispus, sempre com o objetivo claro, com as críticas – pois eu sou muito crítico de mim mesmo –, buscando conhecimentos, buscando aprender mais, observando as pessoas que admiro e consolidando em mim a percepção de que eu podia fazer aquilo.

O resultado é que isso produziu outro movimento em minha carreira e em minha vida. E para mim, fica cada vez mais claro que, ao permitirmos que as leis conduzam as nossas ações, sem que tentemos burlá-las ou corromper a natureza das coisas, das relações sociais e pessoais e as regras do jogo, sempre visando ao bem (para o maior número de pessoas), ao bom (aquilo que dá prazer) e ao belo (realizações com perfeição e excelência), há algo como uma energia que nos impulsiona para esferas mais elevadas, para camadas mais sublimes, onde a nossa participação torna o destino pessoal e o daqueles que estão conosco mais leves, menos penosos, mais abrangentes e frutíferos.

Tudo isso é uma construção, que, no meu caso com a comunicação, teve início quando participava da escrita de textos que outros iriam comunicar; com o tempo, pude ver como as minhas ideias repercutiam e davam bons resultados, como as pessoas recebiam bem aquilo que partia da minha cabeça.

A segurança para prosseguirmos vem das respostas positivas daqueles que estão à nossa volta. Quando acreditamos que esses resultados positivos e favoráveis são resposta direta do nosso empenho sério e responsável, e não obra do acaso, então somos conduzidos para as esferas mais internas de um segmento econômico ou do mercado. O Douglas Tavoralo, um profissional com longa passagem pela TV Record, apareceu em minha vida para chancelar o trabalho que eu estava realizando e me alçar a uma posição na comunicação de alto nível no Brasil, em um ambiente onde poderei alcançar a grande massa.

LEIS, ENERGIA, FORÇA SUPREMA, DEUS – CHAME COMO QUISER

Outra perspectiva para a formulação que fiz das leis que se complementam e de como o nosso enquadramento a elas concorre para nos tornarmos bem-sucedidos no que fazemos é olhar para essas questões do ponto de vista da espiritualidade.

Vivemos em uma sociedade que, por conta da colonização portuguesa, deixou em nós marcas religiosas profundas. Além disso, para o nosso Brasil vieram as tradições africanas, que se juntaram à cultura indígena e hoje o brasileiro, bem como o latino-americano de modo geral, tem

A segurança para prosseguirmos vem das respostas positivas daqueles que estão à nossa volta.

esse senso do transcendental muito aflorado em sua experiência de vida. Levamos para nosso dia a dia as crenças pessoais que confessamos, o que não é de todo ruim quando respeitamos a liberdade do outro. Isso vale para praticamente tudo o que diga respeito à individualidade de quem quer que seja.

Alguns são mais voltados para uma mentalidade científica e encontram na física quântica explicações para os fenômenos ao nosso redor. Outros sentem-se mais confortáveis ao explicar o sucesso e o carisma de certas pessoas em nossa sociedade apontando para a existência de uma energia que ultrapassa muito o corpo físico da pessoa em si. Os cristãos evangélicos explicam isso recorrendo à graça ou à bênção de Deus, os cristãos católicos explicam de outro modo, os grupos voltados às tradições de matriz africana apontam para os orixás, e assim sucessivamente.

Seja eletromagnetismo, seja energia ou qualquer outra força, as pessoas sentem algo que dá a elas direção e motivação. E isso está ligado a todas as leis que estão sendo tratadas aqui, porque as leis universais não são criações da natureza humana, por isso são chamadas de universais; elas já estavam em vigor quando nascemos, quando o ser humano entendeu que poderia empreender e criar coisas que não existiam, extraindo a matéria-prima da natureza e industrializando-a.

Com humildade, segurança e autoridade para falar a partir da minha experiência, quando estamos ligados a um propósito de vida claro, a mensagem que temos a dizer, a transmitir, chega de uma maneira diferente e impactante na vida dos ouvintes ou leitores. Em uma conversa com o meu editor, que publicou este livro, ele, que é uma pessoa bem-sucedida em sua atividade e estuda esses fenômenos há muito tempo, disse que viu isso em poucas pessoas durante a sua trajetória.

Na linguagem da neurociência, uma das ciências mais avançadas e que mais crescem no momento, chamam isso de congruência, que é quando existe consistência na forma como agimos e pensamos.

Usando ainda o exemplo dos comunicadores, se tomarmos uma pessoa mentirosa prestes a dar uma palestra, em algum momento ela deverá cair em contradição, e a mentira irá aparecer, porque o palestrante é uma pessoa incongruente – não existe consistência entre a forma como age e pensa. O palestrante não acredita naquilo que diz; apenas faz por fama, bajulação ou dinheiro. A pessoa não está consistente, não acredita

Seja eletromagnetismo, seja energia ou qualquer outra força, as pessoas sentem algo que dá a elas direção e motivação.

no que diz; e nesse *gap* a energia vai embora, escapa, porque se perde a conexão com a verdade e a realidade da vida.

CONVERGÊNCIA DE HABILIDADES E LEIS

Enquanto trabalhava na composição deste livro, gastei muito tempo refletindo sobre o elemento da comunicação e sua relação com as leis da conexão. Veio a minha mente algo que tenho realizado.

Recentemente, entrei em um novo empreendimento, o Ventre Studio. A ideia do Ventre Studio me ocorreu durante a pandemia, quando estava em casa e comecei a perceber que cada um de nós estava ligado a uma televisão assistindo a um *streaming* diferente. Então, me veio à memória um cara que eu passei a admirar muito, que é o Celso Loducca, um profissional muito importante e premiado no segmento publicitário.

Quando fui sócio do Ronaldo Fenômeno na 9ine, realizamos uma sociedade com o maior grupo de mídia do planeta, que era o grupo WPP. Naquela ocasião, passei a olhar para o mercado publicitário e conhecê-lo melhor a partir de alguns ângulos dos quais eu não tinha tanta objetividade.

Celso Loducca e eu nos conhecemos naquela época e, durante a pandemia, ele me procurou e disse: "Olha, a gente começou a conversar sobre a oportunidade de produzir conteúdos e eu tive uma ideia, junto a alguns sócios, de construirmos um grupo, que a gente vai chamar de estúdio de ideias".

Mas, o que é um estúdio de ideias? São pessoas que se mostram competentes e renomadas no que fazem, dentro do segmento de audiovisual, como o Giuliano Cedroni, um roteirista, a Justine Otondo, que é a maior produtora de cinema que eu conheço, a Paula Cosenza, o João Queiroz, entre outros. Além de mim, outros seis profissionais estão na sociedade e trazem para a mesa as ideias que têm e o seu talento para executar as ideias aprovadas. Isso é um estúdio de ideias.

O Ventre Studio não é uma produtora de áudio e vídeo convencional, em que parte dos bens estão aplicados em equipamentos, como câmeras, microfones, iluminação, computadores para edição etc. Reunindo ideias e talentos, a gente transforma tudo em um projeto inédito com várias possibilidades de entregar um novo produto para um projeto audiovisual. Ou seja, trata-se de ideias que a gente poderia vender para a Netflix ou a Amazon; entregar para alguma produtora específica; ou, ainda, dar outra destinação que fosse mais conveniente ou lucrativa.

Para a criação do Ventre Studio, nós nos baseamos num caso que hoje é sucesso nos Estados Unidos, chamado A24 Creative Studio. A A24 é uma das maiores produtoras de cinema na atualidade, na qual os sócios fazem poucas coisas ou poucas etapas, mas tudo com a maior qualidade possível.

Essa ideia me entusiasmou e fiz questão de incluir no livro porque ela ilustra perfeitamente o que disse nas páginas anteriores sobre conexões. Eu entendo que nós precisamos ter qualidade nas relações que estabelecemos e aprimorá-las sempre. Somente por meio de boas conexões de qualidade você e eu elevaremos o nosso nível de entrega, e é essa elevação de nível que nos alçará a um patamar diferenciado. E se ainda preciso dizer com todas as letras, as melhores oportunidades de negócios estão atrás daquilo ou daqueles que são diferenciados.

O que você quer para a sua carreira ou o seu empreendimento: mais do mesmo ou se diferenciar da massa?

NÃO SE CONSIDERE BOM EM TUDO, PORQUE VOCÊ NÃO É

No entanto, nós não somos bons em tudo, e isso é excelente, porque evita que sejamos arrogantes e soberbos. Mesmo que tenhamos anos de experiência em algum segmento, mesmo que passe pela nossa cabeça que fazemos melhor certas tarefas ou atividades, sempre haverá alguma parte do processo que não é a nossa melhor especialidade. Sempre haverá algo sobre o qual não pudemos nos atualizar o suficiente, ou em que ainda não estamos maduros o suficiente para entregar a nossa melhor versão ou o melhor que este ou aquele projeto exigirá.

Assim, a sétima lei, por exemplo, mostra que a gente deve ter humildade suficiente para permitir que a lei exerça o seu poder sobre nós. Saiba dizer quando não sabe algo. Permita que as diferentes pessoas ao seu redor se expressem, entreguem o seu melhor e deem a melhor contribuição para o projeto em si. Trata-se de reunir habilidades que se complementam e resultam no melhor de todos para o bem comum. Quando permitimos que isso aconteça, os nossos ativos se tornam muito mais interessantes.

Enquanto escrevo este livro, o Ventre Studio está trabalhando em um filme, com direção do Carlos Saldanha (que participou de projetos de animação como *Rio* e *A era do gelo*), que conta a história do navegador brasileiro Amyr Klink; é o *100 Dias*, baseado no livro *Cem dias entre céu e mar* e feito em parceria com a Disney.

Mesmo que tenhamos anos de experiência em algum segmento, mesmo que passe pela nossa cabeça que fazemos melhor certas tarefas ou atividades, sempre haverá alguma parte do processo que não é a nossa melhor especialidade.

Com isso, estamos transformando essas histórias incríveis, de pessoas geniais, em grandes filmes a partir da colaboração de pessoas interessadas em somar, em dar o melhor de si na construção de um negócio viável, bem-produzido e rentável.

Também lançamos a pré-estreia de um filme chamado *Pinguim*, uma produção internacional, na qual o Ventre teve participação em parte da produção, o que tem a ver com a nossa proposta original de trabalho: cada um traz o seu DNA para o negócio. Isso também reflete a sétima lei da conexão em dois aspectos. Primeiro, na união de esforços individuais na montagem de um negócio que, de outro modo, não existiria; e, segundo, na possibilidade de apoiar projetos e empreendimentos que também necessitam das habilidades que não detém em seus próprios negócios, mas que podem se conectar a outros para ter em seu *business*.

Conscientize-se de que não sabemos tudo, mas podemos e devemos agregar pessoas para que complementem aquilo que não temos ou não sabemos. Isso é a mais pura conexão.

UM CORPO FUNCIONA COM A COLABORAÇÃO DAS DIFERENTES PARTES

Uma metáfora que ilustra perfeitamente a conexão das partes trabalhando para o benefício e o crescimento do todo é o corpo humano. O corpo humano é uma complexidade sem tamanho, e como não sou da área médica, me restringirei a apontar apenas alguns elementos para ilustrar o que estou querendo que você perceba.

No corpo humano, além dos diferentes elementos químicos (potássio, ferro, magnésio, água, oxigênio, fósforo etc.), há também os membros, órgãos, juntas, pele, entre outras coisas. Basicamente, o que vemos são os membros: braços e pernas, os membros superiores e os inferiores. Os membros superiores são formados por ombros, braços, antebraços e mãos. Os inferiores são formados por quadril, coxas, pernas e pés. Tudo está interligado por outras partes que compõem o todo, sendo os membros os responsáveis pela mobilidade, pela sustentação e pelo equilíbrio do corpo.

Se eu disser que uma pessoa é o braço, serei impreciso, estarei equivocado. Se disser que uma pessoa é o quadril, do mesmo modo, estarei equivocado. Nós somos a somatória de todos os membros e as partes que nos compõem. Todos

Conscientize-se de que não sabemos tudo, mas podemos e devemos agregar pessoas para que complementem aquilo que não temos ou não sabemos. Isso é a mais pura conexão.

os membros e suas partes, bem como os órgãos e tudo o mais, formam o corpo e não podem ser distinguidos nem isolados quando nos referimos a uma pessoa integralmente.

A complementariedade dos membros e das suas partes componentes, a sua integralidade, posta em ação, em movimento, em execução, é que promove aquilo para o qual uma pessoa (o corpo humano) existe. E para que as diferentes partes funcionem adequadamente, há modos de operação, que são as habilidades.

O corpo humano está sujeito a leis que regem a natureza humana. Assim, tudo o que uma pessoa fizer, não poderá fazer contando com parte de seus membros. Se o cérebro tomar a decisão de sair de um local e ir para outro, todo o corpo irá junto, porque há uma lei que rege a unidade dos diferentes membros e suas partes na formação de um só corpo.

Desse modo, embora pareça óbvio que é preciso obedecer às leis que interligam os diferentes para o bom funcionamento do todo, é preciso termos consciência de que isso vale para o corpo empresarial, para o que chamamos de corporações. Aliás, corporação é uma palavra do mundo profissional que é derivada de corpo, e isso não é por acaso.

A ideia por trás é tão lógica quanto o funcionamento dos diferentes membros de uma unidade.

A somatória das coisas positivas às quais nos dedicamos plenamente, unindo-nos a outros que estão com propósitos alinhados aos nossos, obedecendo às leis que regem os corpos e as corporações, faz com que cheguemos ao sucesso total. Isso também é conexão!

O cumprimento de uma lei ou a sua manifestação pública nunca será vista exclusivamente de maneira isolada, quando empenhamos esforços para que algo específico aconteça. Não. Na maioria das vezes, temos que trabalhar de maneira silenciosa nos bastidores para que algo aconteça publicamente; outras vezes, precisaremos que alguém trabalhe nos bastidores e nós, publicamente, para que os melhores resultados desejados possam emergir. Ou, você trabalhará em um lugar, mas o resultado aparecerá em outro.

Como disse, eu nunca tinha trabalhado diretamente na comunicação com as massas, mas apoiei incondicionalmente o cara que tinha habilidade com as câmeras e com os jornalistas. Então, alguém viu que eu tinha um perfil que poderia representar bem o seu negócio e, então, eu mudei de lado e fui colher meus frutos onde aparentemente não

Se o cérebro tomar a decisão de sair de um local e ir para outro, todo o corpo irá junto, porque há uma lei que rege a unidade dos diferentes membros e suas partes na formação de um só corpo.

tinha plantado nada. E as leis são tão justas que não deixam ninguém sem o seu dividendo.

Essas leis são universais de tal modo que até mesmo a Bíblia as descreveu há pelo menos dois mil anos. Por exemplo, um escrito do apóstolo Paulo diz que, no processo de crescimento de um empreendimento (evidentemente ele se referia a uma lei universal, não ao empreendedorismo como o conhecemos hoje), umas pessoas plantam, outras regam, e Deus dá o crescimento àquilo que foi feito pelas diferentes pessoas em diferentes etapas (1Corintios 3). Em outras palavras, por ser uma lei, Deus se encarregava de fazer crescer e prosperar cada atividade legalmente constituída e executada.

É por isso que há situações nas quais fazemos investimentos, mas não temos o retorno máximo que esperávamos ter. Mas, se formos corretos e justos, dedicados e visarmos ao bem do maior número de pessoas por meio de um empreendimento, semearemos para que frutos surjam, e eles irão surgir em alguma parte, porque tudo está sob leis que regulam as nossas atividades neste planeta.

Assim, você trabalha de um lado numa atividade, o outro trabalha de outro lado em outra atividade, mas Deus ou a lei que rege a nossa presença no planeta faz com que cada um

Essas leis são universais de tal modo que até mesmo a Bíblia as descreveu há pelo menos dois mil anos.

receba proporcionalmente ao esforço que tiver empenhado ou ao capital que tiver investido. Dito de outro modo, olhando os aspectos práticos, nós somos a soma das nossas ideias.

O livre mercado, a economia de modo geral, quando se goza de liberdade para empreender, para criar e transformar matéria-prima em bens para a evolução das sociedades e da humanidade como um todo, é a somatória de ideias, de habilidades, de talentos postos a serviço de algo maior.

Nada é autônomo, nada funciona independentemente das outras partes. Todo empreendedor só colocará recursos naquilo em que ele perceber que há demanda. Do mesmo modo, todo trabalhador consciente procurará ser empregado num setor com possibilidades de crescimento e segurança. O empreendedor buscará novas tecnologias, o empregado procurará qualificar-se para melhorar sua colocação e ter maiores rendimentos, e assim o livre mercado vai sendo regulado por si mesmo, e o consumidor de produtos ou serviços optará pela oferta que dê a ele o melhor custo-benefício. Veja quantas partes foram envolvidas nesse simples exemplo, e todas elas estão sob as mesmas leis.

Como os principais economistas da história defendem, as leis do livre mercado, que são as regras do jogo que fazem produzir riqueza e prosperidade, não funcionam de forma separada, autônoma. Como leis, elas funcionam em conjunto, em sincronia, em sintonia entre as diferentes partes de um sistema, levando o todo ao objetivo pretendido, que é o equilíbrio, o bem-estar, o crescimento e a realização dos envolvidos.

Eu jamais iniciei qualquer projeto em que a minha participação fosse individual, como um empreendedor solitário ou algo assim. Sempre procurei associar-me e conectar-me a pessoas que pudessem agregar algum valor, acrescentar uma visão que nos levasse mais longe, por respeitar a sétima lei da complementariedade e saber que ela traria os melhores resultados em minhas sociedades.

Assim, entendo que cada um de nós deve fazer uma análise fria e realista da situação em que nos encontramos e aplicar à vida a prática devida das leis, corrigindo aquilo que for necessário, porque as leis estão aí para assegurar o seu sucesso.

*Nada é autônomo,
nada funciona
independentemente
das outras partes.
Todo empreendedor só
colocará recursos naquilo
em que ele perceber
que há demanda.*

TRATE-SE COMO UMA MARCA

RECENTEMENTE, EU FUI PROVOCADO pelo Fernando, diretor-geral da Apex, o nosso banco de investimentos no Espírito Santo. Ele disse assim: "Marcus, você já conseguiu estruturar a visão macro da tua marca?". Eu respondi que não, pois não me via como uma marca, com perfil, apelo a um público específico e coisas assim.

Ele, então, que tem um instituto de pesquisa interna, começou a escrever algo, e eu fui acompanhando aquele exercício de definição de *skills* e perfil. O instituto entrevistou um número de pessoas, e a gente conseguiu detectar quais são as conexões com as quais as pessoas me enxergam, seja para eu poder investir, para eu me conectar com uma estratégia, ou para eu utilizar como um guia de oportunidades.

Eu gostei do desenvolvimento que tomou. Embora a gente ainda não tenha chegado a uma conclusão, aquilo me deu alguns aspectos de visão ou diretrizes a meu respeito que fizeram se tornar mais clara para mim a força da minha imagem pessoal no mundo dos negócios e em quais setores eu poderia empenhar mais esforço ou ter maior apelo para novos empreendimentos e parcerias.

A importância de parar e refletir sobre o apelo que uma imagem pessoal tem está em compreender por quais caminhos você poderá utilizar as suas conclusões como uma métrica, como um indicador de novas possibilidades de negócios. No meu caso, alguns traços de identidade (ou de imagem) me surpreenderam, e nem é questão de gostar ou não gostar, mas de entender como isso pode me ajudar na construção de novas conexões.

No caso do desenho do meu perfil ou do apelo que a minha imagem tem, chegamos a estes tópicos:

- Educação
- Finanças
- *Lifestyle*
- Saúde
- Entretenimento/turismo
- Comunicação

Essas áreas indicam os setores onde eu tenho possibilidade de associar-me para gerar e agregar valor, participando ativamente com uma verdade real. Em outras palavras, a imagem

A importância de parar e refletir sobre o apelo que uma imagem pessoal tem está em compreender por quais caminhos você poderá utilizar as suas conclusões como uma métrica, como um indicador de novas possibilidades de negócios.

do Marcus Buaiz tem força nesses setores, assim como o Marcus Buaiz comunicador, âncora em um programa da CNBC, se mostrou uma possibilidade inovadora, real e forte.

Por exemplo, em *Lifestyle*, hoje eu consigo criar conexão com algumas marcas de roupa. Então, a marca Marcus Buaiz tem conexão com *Lifestyle*? Sim, tem.

Do mesmo modo, com o setor de Educação, já que eu tenho a imagem daquela pessoa que procura aprender sempre, evoluir, envolver-se com novas áreas de negócios constantemente. Assim, a minha imagem se conecta com o setor da Educação, e posso estabelecer valor nessa direção e criar oportunidades onde antes eu não enxergava. Finanças é outra área da qual já falamos, uma vez que sou embaixador do BTG Pactual há anos. E assim sucessivamente, com Saúde, Entretenimento/turismo e Comunicação, como no caso da CNBC.

Fazer esse exercício foi muito enriquecedor, porque eu pude ver que é possível haver oportunidades de negócio e que devo olhar para essas áreas com olhar de investimento ou para associações de oportunidade. Saber que a minha imagem ou a marca Marcus Buaiz apela para diferentes

Fazer esse exercício foi muito enriquecedor, porque eu pude ver que é possível haver oportunidades de negócio e que devo olhar para essas áreas com olhar de investimento ou para associações de oportunidade.

setores me provoca, de alguma forma, a dar maior atenção àquilo que antes eu não via.

Você, leitor, já se viu traçando um perfil de *self marketing*? Talvez esse possa ser um caminho para você dar maior atenção às futuras conexões que precisa criar para o seu sucesso!

Por exemplo, eu estava com um projeto em andamento com uma grife famosa de roupas. Saber que a minha marca tem forte apelo a *Lifestyle* serviu para fortalecer ainda mais essa provocação de que eu preciso e posso ampliar o escopo de minha presença e participação nesse setor. Antes eu não via as coisas desse modo, mas agora me sinto mais seguro e forte ao transitar nesse campo.

Eu já sentia simpatia por alguns dos segmentos que a pesquisa identificou, mas tinha alguma insegurança; com o resultado da pesquisa sobre o meu perfil ou marca, veio maior segurança para olhar com atenção e considerar seriamente novos negócios. Por exemplo, no segmento de *Lifestyle*, eu já fui procurado para várias oportunidades de empresas ligadas ou empreendendo em novos condomínios. Condomínios são oportunidades no setor de *Lifestyle*. Em outro caso, eu fui procurado por um grupo querendo fazer uma ação na área da Saúde, como também no Turismo e outra oportunidade no Lazer. Mas eu tinha ignorado essas procuras, dito não aos convites, por não saber ou não entender que aquilo tinha a ver com a minha imagem pessoal.

Com a pesquisa, eu fui provocado a repensar novos negócios e a promover essas possíveis parcerias.

Aqui nós temos outro ponto ao qual o leitor deve dar atenção no longo prazo. Trata-se da possibilidade de um profissional traçar um planejamento de marca pessoal visando ao futuro de sua carreira. Eu explico. Dependendo do que você estiver fazendo hoje, os resultados poderão vir num período mais distante na forma de sua marca pessoal. Suas ações, posicionamentos públicos, engajamento em causas específicas, mudanças de postura etc. poderão levar você a formar desde já um repertório imagético que te fará capitalizar adiante.

O modo como as pessoas te enxergam no médio e no longo prazo efetivamente contribuirá para a formação da sua imagem ao longo do tempo, de modo que essa imagem que está sendo construída hoje levará você a conexões futuras inimagináveis agora. Pense nisso desde já para que possa planejar com quais conexões irá se unir no futuro. Dito de outro modo, o que você faz hoje determina o tipo de conexão que fará anos depois. Portanto, avalie o que está

Dependendo do que você estiver fazendo hoje, os resultados poderão vir num período mais distante na forma de sua marca pessoal.

fazendo (ou o que está deixando de fazer) e faça o exercício de antecipar-se aos resultados e reflexos de suas ações.

Esse é um exercício bem interessante!

Todos nós somos uma marca. Como você tem construído a sua marca ao longo desses anos como profissional? O que a sua marca transmite ao mercado? Como as pessoas te enxergam?

Eu estou vinculado à imagem de alta performance, especificamente a conexões.

Veja, por exemplo, o que o meu filho mais velho, o José Marcus, disse a meu respeito:

> *Uma coisa que eu acho que chama muita atenção no meu pai é que ele é uma pessoa que influencia muitas pessoas, sabe? Ele consegue fazer pessoas aprenderem coisas de um jeito incrível. Ele é meio que um professor maravilhoso. Outra coisa que eu acho muito incrível é que ele consegue ajudar muitas pessoas, consegue me ajudar, ajudar muita gente que precisa, ajudar os próprios filhos, ajudar todo mundo. Ele gosta muito de ajudar pessoas. Ele é uma pessoa muito incrível; eu acho, sabe?*

Outra coisa que chama muito a minha atenção é o jeito como ele fala, porque é incrível. Ele consegue explicar as coisas de um jeito fácil.

Eu vi como ele influenciou muita gente na palestra, eu achei incrível! Eu acho que ele me influencia também, e influencia várias pessoas e elas querem ser iguais a ele.

O que você faz hoje determina o tipo de conexão que fará anos depois. Portanto, avalie o que está fazendo e faça o exercício de antecipar-se aos resultados e reflexos de suas ações.

Penso que podemos chamar isso de autenticidade. Seja autêntico, seja verdadeiro, e as pessoas, ainda que jovens, irão notar isso em você.

Não há como querer criar conexões de alta performance e de alto valor agregado sem uma conexão ética, que começa em nós, em nossa casa, em nossa intimidade. Talvez o único caminho para se consolidar e impulsionar uma marca pessoal seja sendo verdadeiro e autêntico.

Para encerrar, quero trazer aqui um breve depoimento de uma pessoa com quem tenho uma profunda amizade e sociedade em alguns negócios, alguém com quem me conectei desde a primeira vez que nos reunimos:

> *Marcus trabalhou comigo no Exaltasamba. Na primeira reunião, ficamos amigos e nos tornamos sócios em alguns empreendimentos. Marcus é confiável. Penso que não tem nada que traga mais tranquilidade para um negócio do que a confiança.*
>
> *Em todos os problemas que enfrentei nos últimos anos, seus conselhos e suas palavras foram fundamentais para obter vitórias ou mesmo para meu consolo.*

Sua força de vontade me chama a atenção. Ele poderia estar no Espírito Santo, onde a família tem empreendimentos de sucesso, mas preferiu construir sua própria história em outro segmento. Essa inquietude profissional o faz gigante e contagia quem está por perto.

Com o tempo de mercado, a unanimidade em todos os comentários sobre seu profissionalismo é algo que também chama muito a minha atenção: "Você é amigo do Buaiz, né? Ele é sensacional!". Eu escuto essa frase toda semana!

E sim, eu sou amigo, irmão e me sinto honrado em poder contar com sua inteligência, lealdade e sabedoria, mas principalmente com seu carinho. Porque aprendi com ele mesmo que as boas relações vão me levar sempre a um lugar de sucesso, em qualquer negócio.

Eu sou fã do Marcus!

Thiago André, o Thiaguinho

E quando digo que é preciso ser autêntico, também estou pensando na necessidade de ter uma autoestima saudável, equilibrada e ser uma pessoa bem resolvida. A pessoa que tem uma boa autoestima está em um espectro diferente do daquelas cujos egos estão inflados.

Este livro poderia terminar sem que eu colocasse testemunhos como o do José Marcus ou de qualquer um dos meus amigos ou parceiros de negócios. Afinal, o livro está pronto em si, e a esta altura o leitor já captou a essência da minha mensagem e do modo como eu me comporto. No entanto, entendo que hoje eu posso incluir testemunhos de pessoas que fizeram algum comentário a meu respeito e sobre como lido com as minhas relações pessoais e comerciais, sem prejuízo algum para a minha imagem.

E por que eu tenho essa convicção? Porque a minha autoestima é saudável, equilibrada e madura. Trazer pessoas que eu amo e que caminham comigo nada tem a ver com inflar o meu ego, mas com reconhecer o valor intrínseco de conexões que tenho com elas e que já duram anos.

O ego inflado precisa abrir a boca e falar por si quando ninguém se importa. O ego inflado precisa esforçar-se por aparecer e ser reconhecido publicamente, precisa impor uma imagem que somente ele enxerga, mas as pessoas não. Por outro lado, quem tem a autoestima bem-resolvida segue em frente mesmo quando não tem a aprovação da maioria, mesmo quando não é o centro das atenções, e aquilo que ele significa para as pessoas fala por si, sem que precise forçar situações constrangedoras.

Sou muito agradecido por poder desfrutar de conexões que são como eu: autênticas, saudáveis, bem-resolvidas.

POR FIM

Tendo apresentado a você a minha trajetória pessoal, o modo como penso e os princípios pelos quais conduzo as minhas decisões, especialmente com as 7 leis da conexão, o meu desejo é que de todo esse arcabouço você possa extrair algum recurso que seja um divisor de águas em sua carreira.

Desde o início eu não planejei escrever um livro para águias, para profissionais que já são bem-sucedidos, para empreendedores de sucesso, que têm seus próprios critérios para negociar e princípios para guiar suas tomadas de decisão. Como deixei claro numa das passagens do livro, em um momento de minha vida tomei a decisão de dar palestras para alunos, dialogar com eles, sentir quais eram suas dores e procurar entender como eu poderia aliviá-las de alguma forma.

Para mim, este livro é uma parte extensora daquela decisão que tomei, porque o meu mais profundo e sincero desejo é que pessoas de todas as faixas sociais, especialmente aquelas que precisam daquele famoso "empurrãozinho", olhem o mundo através das minhas experiências e saibam que é possível seguir seus instintos, é perfeitamente viável pensar com a própria cabeça, saber que não precisam ter todos os recursos para criar algo bem-sucedido e, principalmente, que vivemos, mais do que nunca, num tempo em que o valor de uma pessoa, o capital humano mais precioso, é saber ver as pessoas não como números, não como estatísticas, mas por aquilo que elas são: seres que vivem, que respiram, que têm histórias, que têm famílias que as amam.

Enfim, para que isso funcione de verdade, é preciso nos conectarmos, porque à distância as únicas coisas que surgirão em nosso caminho são preconceitos, intrigas e rivalidades. Mas, se nos conectarmos cada vez mais com as pessoas, especialmente com aquelas que se ajustam em seus propósitos, nós construiremos um mundo melhor para todos.